中国文化经纬

先秦名家研究

许抗生 著

中国书籍出版社

图书在版编目（CIP）数据

先秦名家研究／许抗生著. —北京：中国书籍出版社，2021.1
（中国文化经纬／王守常主编）
ISBN 978-7-5068-8088-6

Ⅰ.①先… Ⅱ.①许… Ⅲ.①名家-研究-中国-先秦时代 Ⅳ.①B225.05

中国版本图书馆 CIP 数据核字（2020）第 218797 号

先秦名家研究

许抗生　著

责任编辑	王星舒　牛　超
责任印制	孙马飞　马　芝
封面设计	东方美迪
出版发行	中国书籍出版社
地　　址	北京市丰台区三路居路 97 号（邮编：100073）
电　　话	（010）52257143（总编室）　　（010）52257140（发行部）
电子邮箱	chinabp@ vip. sina. com
经　　销	全国新华书店
印　　刷	三河市顺兴印务有限公司
开　　本	635 毫米×970 毫米　1/16
印　　张	11
字　　数	145 千字
版　　次	2021 年 1 月第 1 版　2021 年 1 月第 1 次印刷
书　　号	ISBN 978-7-5068-8088-6
定　　价	36.00 元

版权所有　翻印必究

《中国文化经纬》系列丛书
编委会

顾问 汤一介 杨 辛 李学勤 庞 朴
　　　 王 尧 余敦康 孙长江 乐黛云

主编 王守常

编委（按姓氏笔画为序）

　　　 王 平 王小甫 王守常 邓小楠
　　　 乐黛云 江 力 刘 东 许抗生
　　　 朱良志 孙尚扬 李中华 陈平原
　　　 陈 来 林梅村 徐天进 魏常海

总　序

二十世纪三十年代，陈寅恪先生在冯友兰《中国哲学史》下册的《审查报告》中说："窃疑中国自今日以后，即使能忠实输入北美或东欧之思想，其结局当亦等于玄奘唯识之学，在吾国思想史上既不能居最高之地位，且亦终归于歇绝者。其真能于思想上自成系统，有所创获者，必须一方面吸收输入外来之学说，一方面不忘本来民族之地位。此二种相反而适相成之态度，乃道教之真精神，新儒家之旧途径，而二千年吾民族与他民族思想接触史之所昭示者也。"今天读陈先生的话，感慨良多。先生所言之义：佛教传入中国，其教义与中国思想观念制度无一不相冲突。然印度佛教在近千年的传播过程中不断调适，亦经国人改造接受，终成中国之佛教。这足以告知我们外来思想与中国本土思想能够融合、始相反终相成之原因，在于"必须一方面吸收输入外来之学说，一方面不忘本来民族之地位"。这就是我们经常讲的,当下中国文化必须"返本开新"。如有其例外者,则是"忠实输入不改本来面目者,若玄奘唯识之学,虽震荡一时之人心,而卒归于消沉歇绝"。

我以为近代中国落后于西方,不应简单视为文化落后,而是二千多年的农业文明在十八世纪已经无法比肩欧洲工业文明之生产效率与市场资源的合理配置,由此社会政治、国家管理制度也纰漏丛生。由是而观当下之中国,体制改革刻不容缓,而从五四时代以来的文化批判也需深刻反思。启蒙运动对传统文化的批评固然有时代需求,未经理性拷问的传统文化无法随时代而重生。但"五四运动"的先贤们也犯了"理性科学的傲慢",他们认为旧的都是糟粕,新的都是精华,以二元对立的思考将传统与现代对峙而观,无视传统文化在代际之间促成了代与代的连续性与同一性,从而形成了一个社会再创造自己的文化基因。美国学者席尔思写了一部书《论传统》,他说:传统是围绕人类的不同活动领域而形成的代代相传的行为方式,是一种对社会行为具有规范作用和道德感召力的文化力量,同时也是人类在历史长河中的创造性想象的沉淀。因而一个社会不可能完全排除其传统，不可能一切从头开始或完全取而代之以新的传统，而只能在旧传统的基础上对其进行创造性的改造。此言至矣！传统与现代不应仅在时间序列上划分，在文化传承上可理解为"传统"是江河之源，而"现代"则是江河之流。"现代"对"传统"的理性诠释，使"传统"在"现代"得以重生。由此，以"同情的敬意"理解自己民族的文化传统是当下中国的应有之义，任何历史文化的虚无主义都要彻底摒弃。从"五四"先行者到今天的一些名士，他们对传统文化进行激烈批判，却也无法摆脱传统文化对自己的思维方式和价值观念的影响。这样的事实岂可漠视。

这套《中国文化经纬》丛书是在1993年刊行的《神州文化集成》丛书的基础上重新选目、修订而成。自那时到今天，持续多年的"文化热"、"国学热"，昭示着国人对自己民族文化的认同还处在进行时。文化决定了一个民族的性格，民族性格决定了一个民族的命运。中国文化书院成立至今已有30年了，书院同仁矢志不移地秉承着"让世界文化走进中国，让中国文化走向世界"之宗旨，不负时代的责任与担当。此次与中国书籍出版社合作出版这套丛书，期盼能在民族文化的自觉、自信、自强上有新的贡献。

王守常

2014 年 12 月 8 日

于北京大学治贝子园

序

战国时期，出现了许多辩者，其主要代表是惠施、公孙龙，汉代学者称之为名家。名家有一个显著的特点，即提出了一些违反常识或与常识不同的命题。这些命题之中，有些包含深刻的辩证观点，有些则属于诡辩。这些学说，由于违离常识，当时受到儒、墨、道、法等学派的排斥，秦汉以后，名家学说趋于沉寂；魏晋时代，曾一度受人注意；唐宋以后，仅仅作为一些奇谈怪论的材料保存下来，到了近代，才又受到学者的重视。五四以来，一些哲学史家对于先秦名家思想做了比较深入的研究，取得了显著的成就。但也还有些问题值得更进一步的探讨。

许杭生同志留心钻研名家学说，历有年数，近写成《先秦名家研究》，运用马克思主义辩证唯物论与历史唯物论的观点，对于惠施、公孙龙及其他辩者的学说，进行比较细密的剖析；对于儒、墨、道、法、阴阳诸家与名家的争论，也作了比较详备的叙述，取材丰富，论断允当，有独到之处，是一部有价值的哲学史著作。

看到年轻同志写出这样具有较高水平的著作，我是感到非常高兴的。

张岱年序于北京大学

目 录

总序 ·· 1

序 ·· 1

第一编　名家学派研究 ··· 1
  第一节　名家是怎样一个学派 ···························· 2
  第二节　春秋末年名家思想的萌芽与
          先驱者邓析的思想 ······························ 7
  第三节　战国中期名家学派的勃兴 ····················· 13
  第四节　惠施"合同异"的哲学思想 ················· 19
  第五节　以公孙龙为代表的
          "离坚白"派的哲学思想 ···················· 35
  第六节　《庄子·天下篇》所载其他"辩者"
          的二十一事哲学思想 ························· 59
  第七节　名家尹文的思想 ································· 70
  第八节　战国时期名家与墨、道、阴阳、儒、
          法诸家之间的论辩 ···························· 74

第九节　魏晋时期名家的复兴 …………………… 89

第二编　《公孙龙子》新解 …………………………… 100
　　前言 ………………………………………………… 100
　　《名实论》第一 …………………………………… 101
　　《白马论》第二 …………………………………… 109
　　《通变论》第三 …………………………………… 117
　　《坚白论》第四 …………………………………… 131
　　《指物论》第五 …………………………………… 144
　　《迹府》第六 ……………………………………… 150

再版后记 ………………………………………………… 159
出版后记 ………………………………………………… 160

第一编　　名家学派研究

　　名家学派是我国战国时代的一个哲学流派。它在当时思想战线上的百家争鸣中，虽说地位不及儒、墨、道、法诸家重要，对后世的影响也远不及儒、道、法三家，但是，它在战国中期是一个非常活跃的学派。当时在社会上出现的一股盛极一时的名辩思潮，就是以名家学派为中心而展开的。在这一时期里，名家学派的影响颇不小。它曾先后与墨、儒、道、阴阳诸学派展开了论辩。在战国后期，它还受到了儒家与法家的批评。它的一些著名的哲学命题竟成为当时各家各派纷纷讨论的中心议题。所以，要弄清楚春秋战国时代在意识形态领域里的错综复杂的斗争状况，不弄清楚当时颇有影响的名家学派的思想是不行的。并且，名家学派在我国古代哲学的理论思维发展史和逻辑思想发展史上，也都有着重要的地位。因此，为了总结我国古代人类理论思维的经验与教训，研究名家学派是完全必要的。

　　要全面地把握住名家学派的思想观点，我认为需要从下列几个问题上做一番研究工作。这些问题是：

　　首先，需要弄清名家学派究竟是怎样一个学派，它之所以区别于其他学派的基本特征究竟是什么。

其次，需要考察一下这个学派产生、演变的历史，弄清楚它是在怎样的社会条件下产生和兴盛起来的，以及它又是在怎样的社会历史条件下走向衰弱的。

第三，要弄清名家内部的分派状况，以及各分派的哲学思想特点。

第四，需要考察清楚战国时期名家与儒、道、法、墨、阴阳诸学派之间互相渗透与斗争的关系。

最后，尚要研究一下名家对后来封建社会的思想影响。

本书就试图对以上问题做一些初步的探讨。

第一节　名家是怎样一个学派

名家在先秦的著作中最早被称为"辩者"。《庄子·天下篇》中称惠施、桓团、公孙龙为"辩者之徒"，"以善辩为名"。擅长论辩，这虽然是名家的一个特点，但是以此并不能把它与其他学派区别开来。因为在当时的诸子百家中，擅长论辩的大有人在，所以，这一特点尚不是名家的基本特征。

西汉学者司马谈在其《六家要旨》中，把这些辩者第一次称为名家。他认为，名家学派思想的基本点是："苛察缴绕，使人不得反其意；专决于名，而失人情。故曰：使人俭而善失真。若夫控名责实，参伍不失，此不可不察也。"这里的所谓"使人不得反其意"和"失人情"，无非是说名家的理论难以理解，艰深而不易为人反驳，并且与人们的常识不符。所谓艰深难以理解和不合常识，从我们现在的分析来看，大概主要是就名家学说中有与常识相违背的诡辩思想和一些辩证法思想而言的。然而，为什么会造成这些"失人情"的现象呢？这就是名家"苛察缴绕"和"专决于名"的结果。什么是"苛察缴绕"呢？"苛察"就是指对问题作过细的分析考察，"缴绕"就是缠绕。所谓"苛察缴绕"，就是指缠绕在某一问题上，作过于细致的繁琐论证。"专决于名"是指什么呢？"名"就是指概念名称。"专决于名"就是专门从抽象概念与名称的分析中来下结论。由此看来，名家的一大特征就是专门从事于过细的繁琐的概念分析。正由于这一学派"专决于名"，所以司马谈称它为"名家"。至于这一学派还研究"控名责实"的名实学说，司马谈则加以了肯定，认为是"不可不察"的。

《汉书·艺文志》在评论名家时说："名家者流，盖出于礼官。古者名位不同，礼亦异数。孔子曰：必也正名乎，名不正，则言不顺；言不顺则事不成。此其所长也。及警者为之，则苛钩鈲析乱（乱疑应作辞）而已。"照此看来，名家的长处在于控名责实，使社会上的名位不乱。然而"警者为之，则苛钩鈲析辞而已。""警者"，即指喜欢论辩驳难的人。何谓"钩鈲析辞"？"钩"即弯曲、绕弯的意思，"鈲"指破碎，"析辞"即分析概念和名词。"钩鈲析辞"，是指在分析概念时转弯抹角，支离破碎，即繁琐论证的意思。《汉书·艺文志》对名家的看法与司马谈大体相同。之后，《隋书·经籍志》对名家的评论，亦与《六家要旨》和《汉书·艺文志》相近。①

根据这些古人的评论，名家的特征可以概括为这样两点：

（1）正名实，注重名实关系的研究。

（2）苛察缴绕（繁琐论证），专决于名（专门从事概念分析）而失人情。

那么，是否所有的名家都具有这两个特征呢？其实也并不尽然。按照《汉书·艺文志》与《隋书·经籍志》的说法，名家本应是研究"控名责实"的名实关系学说的，但是一经"警者"与"拘者"为之，它就成为"苛察缴绕，滞于析辞而失大体"的思想了。这样看来，名家就可以分为这样三种类型：

第一种是这两个特征兼而有之的。如公孙龙就是如此。公孙龙的哲学既研究了名实理论，又有苛察缴绕、"专决于名而失人情"的特点。

第二种是并不研究名实问题，只表现为"苛察缴绕，滞于析辞而失大体"的。例如邓析与惠施就是如此，从现存的史料来看，邓析和惠施都没有研究过名实理论。虽然现存的《邓析子》一书讨论了"循名责实"的问题，但它是一部后人编纂的伪书，不是邓析的著作，因而它不能反映邓析的思

---

① 《隋书·经籍志》云："名者，所以正百物，叙尊卑，列贵贱，各控名而责实，无相僭滥者也。《春秋传》曰：'古者名位不同，节文异数。'孔子曰：'名不正则言不顺，言不顺则事不成。'《周官·宗伯》'以九仪之命，正邦国之位，辩其名物之类'是也。拘者为之，则苛察缴绕，滞于析辞而失大体。"

想。从《荀子》《吕氏春秋》《列子》等书所记载的有关邓析的一些材料看,邓析确实没有讨论过名实关系问题。至于惠施的思想,从《庄子·天下篇》中保存的他的一些思想片断看,他也没有讨论过名实问题。那么,为什么人们把邓析与惠施列入名家呢?先秦学者荀况在评论邓析与惠施时说:"不法先王,不是礼义,而好治怪说玩琦辞,甚察而不惠("惠"疑为"急"字),辩而无用,多事而寡功,不可以为治纲纪;然而其持之有故,其言之成理,足以欺惑愚众,是惠施、邓析也。"(《荀子·非十二子》)这里所说的"治怪说,玩琦(奇)辞,甚察而不惠(急),辩而无用",是荀况就邓析和惠施好作概念的繁琐分析,并作出了一些不合常识的奇谈怪论而言的。以此看来,邓析与惠施被列入名家,并不在于他们讨论名实关系与否,而是基于他们进行繁琐的概念分析得出了不合常情的结论,即所谓"专决于名,而失人情"这一名家的基本特点之上的。

第三种是专门讨论名实问题,不带有"苛察缴绕,专决于名而失人情"性质的。但是从现有的名家史料来看,尚没有发现其典型的代表人物,只是尹文可以作为其代表人物之一。(关于尹文的问题以后再详述)

在学术界里,对于名家流行着这样两种看法:一是认为名家是专门从事名实关系问题研究的一个学派。即认为名家就是"以辩论名实为中心的一个学派"。二是十年浩劫期间,"四人帮"出自其不可告人的目的,大肆宣扬名家,把名家说成是古代的一个辩证学派。我认为,这种种看法,都是不符合名家的历史实际的。

关于名家是否就是"以辩论名实为中心的一个学派"的问题，根据上面的分析，我认为是不能作出这样简单的结论的。很明显，先秦惠施是一位公认的名家大师，但他并不研究名实问题，更谈不上他的思想是以辩论名实问题为中心的。他之所以成为名家，在于他擅长于概念分析（"专决于名"）而得出了不合常情的结论的缘故。如果把"以辩论名实问题为中心"作为判定名家的标准，那么邓析与惠施就被排挤出了名家之列。可见，名家并不仅仅是以辩论名实问题为中心。名实问题是战国中、后期哲学界所普遍研究的课题，不仅有些名家人物，如公孙龙等研究名实问题，而且后期墨家、《管子》、荀况、韩非、战国时的黄老学派等，也都在不同程度上探究过名实理论。因此，不能把研究过名实问题的人都称作名家。研究名实关系的学问叫"名学"（逻辑学），人人都可以研究名学，但研究过名学的人并不能都列入名家学派。正由于当时许多学派都研究过名实问题，都有自己的名学理论，因此，胡适就根据这一点，主观武断地作出了所谓"没有什么名家"的结论，从而一笔勾销了名家存在的这一历史事实。（见胡适：《中国哲学史大纲》）这完全是他混淆了名家学派与名学关系的结果。谭戒甫先生在研究名家时，也同样犯了把名家与名学混同起来的错误。他把公孙龙与名家对立起来，认为公孙龙不属于名家。而属于形名家。他由于没有把握住名家学派的基本特征，因此把名家中的一个分派——形名家（以公孙龙为代表）划出了名家之列，而把后期墨家列入名

家。(见谭戒甫:《形名发微》)

至于名家学派的哲学思想,究竟是属于诡辩论,还是属于辩证法呢?由于名家注重"苛察缴绕"和"专决于名",他们的思想确实带有浓厚的诡辩论色彩,这是毋庸置疑的。但是,我们也应看到名家思想中尚有许多合理的名实理论,和不少富有天才猜测的辩证法思想。对于这些,我们也不应加以抹煞。因此,我们认为,简单地把名家思想完全说成是辩证法思想,或说成是诡辩论思想,两者都是不正确的,都是缺乏具体分析的。

第二节　春秋末年名家思想的萌芽与先驱者邓析的思想

名家思想最早萌芽于春秋时期。其先驱者就是当时郑国的邓析。春秋时期,我国社会开始由奴隶制向封建制转变。郑国当时是一个比较先进的国家,新兴地主阶级已经登上了政治舞台。适应着新兴地主阶级需要而进行的法制改革,最早就是从郑国开始的。子产的铸刑鼎,邓析的造竹刑,都是当时政治上出现的较大的变革。子产是郑国的宰相,他把刑书铸在鼎上,公布于众(过去的刑书对人民是不公开的——作者注)。他的这一比较开明的措施,当时遭到了左右两方面的反对。右的方面的反对来自晋国的叔向。叔向认为:"昔先王议事以制,不为刑辟,惧民之有争心也。……民知有辟,则不忌于上,并有争心,以征于书,而徼幸以成之,弗可为矣。"(《左传》昭公六年)叔向鼓吹要按照古代先王的制度办事,不应公布刑书。他认为如果公布刑书,老百姓对奴隶主贵族就会无所顾忌,这样就会酿成纷争,天下就会大乱。左的方面的反对则来自自己国内的邓析。邓析并不满足于子产仅仅把刑书公布于众,而要求比较彻底地改革"旧制"。从现有的史料来看,邓析很可能是当时的一位民间"律师",是在下层帮着人们打官司的人,而并不是贵族。据《吕氏春秋·离谓篇》所载说:"子产治郑,邓析务难之,与民之有狱者约:大狱一衣,小狱襦裤,民之献衣襦裤而学讼者,不可胜数。"又说:"洧水甚大,郑之富人有溺者。人得其死(尸)者,富人请赎之,其人求金甚多。以告邓析,邓析曰:'安之,人必莫之卖矣。'得死(尸)患之,以告邓析。邓析又答之曰:'安之,此必无所更卖矣。'"可见,邓析是在民间活动,并对民事诉讼颇有研究,是一位民间的法律学者。

邓析名家思想的萌芽,看来就是在同子产维护刑书"旧制"的斗争中产生的。当时"郑国多相县以书者。子产令无县书,邓析致(致即送也)之;子产令无致书,邓析倚(倚即夹书于他物中送也)之。令无穷,则邓析应之亦无穷矣"。(《吕氏春秋·离谓篇》)邓析务难子产的办法是,"设无穷之词,操两可之说",即利用概念的灵活性和概念之间的转化关系,强调"变"的思想,反对一成不变的旧的法制,从而为创制新法制("竹刑")开辟道路。《吕氏春秋》说他是:"子产治郑,邓析务难之,……以非为是,以是为非,是非无度,而可与不可日变;所欲胜因胜,所欲罪因罪。郑国大乱,民口譁哗。"(《吕氏春秋·离谓篇》)"以非为是,以是为非,是非无度,而可与不可日变",这显然是一种带有相对主义诡辩论倾向的观点。但是这种观点由于强调"变"的思想,因而在当时对于破坏旧秩序、旧传统和旧法制,尚有一定的积极意义。"设无穷之词,操两可之说",实质就是司马谈所总结的名家"专决于名,而失人情"的思想。邓析的这种思维方法正是开了战国中期蓬勃兴起的名家思维方法的先河,所以后人常常把邓析与名家大师惠施或公孙龙并提,这并不是没有原因的。邓析实是一位名家学派的先驱人物。

至于《荀子·不苟篇》说:"山渊平,天地比,齐、秦袭,入乎耳,出乎口,钩有须,卵有毛,是说之难持者也,而惠施、邓析能之。"荀况在这里把"山渊平""天地比"等命题,都说成是惠施与邓析所共有的思想,不知其根据何在。从我们掌握的现有史料来看,"山渊平"与"天地比"这两个命题,与《庄子·天下篇》所记载的惠施十事中的"天与地卑、山与泽平"的思想颇相一致,这很可能是惠施的思想。"入乎耳,出乎口",疑即指山有耳有口。"钩有须",杨倞注说:"或曰:钩有须,即丁子有尾也。丁之曲者为钩,须与尾皆毛类是同也。"丁子,成玄英说:"楚人呼虾蟆为丁子。丁子有尾即是说虾蟆有尾。这两个命题如果确实能作如此理解的话,那么就与《庄子·天下篇》所记载的"丁子有尾""山出口"等命题相同,而这些命题都是战国中期其他"辩者以此与惠施相应"的命题。因此,这些命题所表达的思想并不是惠施本人的思想,更不是邓析的思想。"齐、秦袭",

杨倞注:"袭,合也。齐在东,秦在西,相去甚远,若以天地之大包之,则曾无隔异,亦可合为一国也。"意即东方的齐国与西方的秦国,以天地之大看来,并不相隔多远,可看作是合在一起的。但是这一命题他书皆不见记载,因而很难断定它是邓析或惠施本人的思想。"卵有毛"这一命题,根据《庄子·天下篇》记载,亦应属于战国中期"与惠施相应"的其他辩者之徒的思想。不过不论邓析、惠施也好,还是其他辩者之徒亦罢,他们的思维方法是颇相近的,都是"专决于名,而失人情"的。

至于现存的《邓析子》一书,则是一部伪书。《汉书·艺文志》曾著录有《邓析》二篇,把它列入名家。现存的《邓析子》亦有两篇:第一篇名为"无厚",第二篇名为"转辞"。通观全书,其思想与申不害、韩非的法家思想,汉时盛行的黄老学说颇相吻合,论证的主要问题是君势、君威、形名法治,乃至君主实行无为而治等,强调君主集权的思想。书中说:"势者君之舆,威者君之策,臣者君之马,民者君之轮。势固则舆安,威定则策劲,臣顺则马驯,民和则轮利,为国失此,必有覆舆、奔马、析策、败轮之患,安得不危。"又说:"循名责实,察法立威,是明王也。""为君者藏形匿影,群下无私,掩目塞耳,万民恐震。"很明显,这些思想是申不害、韩非的法家思想。书中还说:"(明君)恬卧而功自成,优游而政自治。岂在瞋目扼腕,手操鞭朴。而后为治欤!"(《邓析子·无厚》)"圣人不死,大盗不止。""圣人逍遥一世之间,宰匠万物之形,寂然无鞭朴之罚,莫然无叱咤之声，而家给人足，天下太平。"（《邓析子·转辞》）这些论述又明显地受了老聃清静无为思想的影响。但是，老聃的道家思想虽说是萌芽于春秋末年，然而《老子》却成书于战国中期，其思想也是战国中期才在社会上起到广泛影响的。所有这些都充分说明《邓析子》一书绝不是春秋末的邓析所作，而是后人伪托邓析所编造的著作。并且全书的思维方式也完全不合乎名家邓析的思想特征。上文我们已经提到，邓析的思想具有名家"专决于名，而失人情"的特点，他辩论的方法是采用"设无穷之词，操两可之说"，带有"是非无定""可与不可日变"的相对主义倾向。然而在《邓析子》一书中，我们却全然看不到这些东西，虽然第二篇的标题为"转辞"，但是全篇没有讲到概念的转化。因此《邓析子》一书的作伪是毋庸置疑的。

邓析究竟为谁所杀，据《荀子·宥坐篇》《吕氏春秋·离谓篇》《列子·力命篇》《说苑·指武篇》所记，均言子产诛邓析。子产于公元前522年去世，邓析被杀于公元前501年，是无子产杀邓析之理也。关于这一点，唐代颜师古也曾明确地指出："《列子》及《孙卿》并云：子产杀邓析。据《左传》昭公二十年，子产卒。定公九年，驷歂杀邓析而用其《竹刑》，则非子产所杀也。"（《汉书·艺文志》注）可见，不是子产而是驷歂杀了邓析。驷歂为政杀了邓析却又用邓析的《竹刑》，用邓析的《竹刑》取代了子产的《刑书》。这就是说，虽然邓析被杀害了，但是真正胜利的还是邓析。邓析的新制《竹刑》符合当时时代的需要。对于驷歂杀害邓析这件事，汉人刘向在上奏的《邓析子》序文中也加以评论说："驷歂嗣为政，明年，乃杀邓析而用其竹刑。君子谓子歂（子歂即驷歂）于是乎不忠，苟有可以加于国家，弃其邪可也。《静女》之三章，取'彤管'焉。《竿旄》'何以告之'取其忠也。故用其道，不弃其人。《诗》云：'蔽芾甘棠，勿翦勿伐。召伯所茇。'思其人，犹爱其树也。况用其道，不恤其人乎？子然无以劝能矣。"总之，刘向认为用其道就不应弃其人，用其道而弃其人是对人不忠的表现，是一种缺德的做法。

　　刘向在序文中，还说到《邓析子》一书中"其论无厚者言之异同，与公孙龙同类"的问题，可是现存的《邓析子·无厚篇》中根本没有"与公孙龙同类"的东西。关于无厚的辩论本来是惠施思想中所讨论的东西，惠施曾经提出过"无厚不可积其大千里"的命题，谈的是至大与至小之间的辩证关系。而现存的《邓析子》所讲的"无厚"是指天对人、君对民、父对子亲厚不亲厚的问题。它说："天于人无厚也，君于民无厚也，父于子无厚也，兄于弟无厚也。何以言之？天不能屏勃厉之气，全夭折之人，使为善之民必寿，此于人无厚也。凡民有穿窬为盗者，有诈伪相迷者，此皆生于不足，起于贫穷，而君必执法诛之，此于民无厚也。尧、舜位为天子，而丹朱、商均为布衣，此于子无厚也。周公诛管、蔡，此于弟无厚也。推此言之，何厚之有！"这里所讲的无厚与惠施关于无厚的论说全然是风马牛不相及的东西，足见作伪者对于惠施的无厚思想一无所知。不过，刘向说《邓析子》的无厚思想与公孙龙相类，这很可能是当时《邓析子》一书尚存，只是后来这书散失了。而作伪者不过是伪托《邓析子》一书之名，揉合法、道、名诸家的思想而编纂成此书。这样，他们就把邓析原来的思想弄得面目全非了。其作伪的年代则大概在汉魏之际。

第三节　战国中期名家学派的勃兴

　　春秋战国之际，除秦、楚、燕边远地区的三个诸侯国之外，中原地区的诸侯国都相继陆续地进入了封建社会。到战国中期，全中国掀起了变法运动的高潮。吴起在楚国变法、商鞅在秦国变法、燕昭王在燕国改革。通过变法和改革，这后进的三个诸侯国也开始封建化，并相继强盛起来。已经进入封建社会的魏、赵、韩、齐诸国，也先后实行了富国强兵的改革措施。如赵国的赵武灵王的改革，韩国实行的申不害的法治，齐国重用邹忌为相，推行修订法律、广开言路等措施。这些改革措施使得旧的奴隶制度进一步瓦解。使奴隶制走上了总崩溃的阶段；而新兴的封建制度则得以建立起来，并日益得到巩固。整个战国中期就是处于这样一种新旧交替的剧烈变化之中。随着时代的变革，新事物的不断出现，人们的思想也在急遽地变化。然而意识常常落后于存在，旧有的思想、旧有的观念决不会一下子消失。于是，社会上就产生了许多新旧概念与新旧事物互相杂错的现象，以及所谓"名实散乱"的情况。为了澄清这种思想混乱，当时思想学术界有很多人专门从事概念之间的关系（即名与名之间的同异差别关系）以及概念与实际之间的关系（即名与实之间的同异差别关系）的研究，这样就在战国中期形成了一股名辩思潮。名家学派就是在这一思潮流行中形成与兴盛起来的。

在战国中期，产生了两位著名的名家代表人物。一位是惠施（约公元前370年～公元前318年），另一位是公孙龙（约公元前325年～公元前250年）。惠施学术活动的时间，约在战国中期，公孙龙学术活动的时间，稍晚于惠施。他们当时都是以擅长概念分析而驰名于天下的。他们的思想特点与邓析的思想特点颇相似。他们都出入过墨家学派，受墨家的思想影响颇大。然而他们又都跟墨家学派展开过论辩，使自己的哲学朝着名家学派的方向发展。他们的思想都具有"苛察缴绕，使人不得反其意；专决于名，而失人情"的名家思想特征。然而，胡适却根据惠施与公孙龙出入过墨家这一点，断定惠施与公孙龙是墨家的别派，把他们列入"别墨"一派。（见胡适：《中国哲学史大纲》）这大概又是胡适"大胆假设、小心求证"的结果吧！其实，历史上压根儿不存在所谓"别墨"一派。"别墨"两字来源于《庄子·天下篇》。《庄子·天下篇》在记述墨子死后，墨家分派的情况时说："相里勤之弟子、五侯之徒，南方之墨者苦获，己齿、邓陵子之属，俱诵《墨经》而倍谲不同，相谓别墨；以坚白同异之辩相訾，以觭偶不仵之辞相应。……"这里的"别墨"，很明显地并不是说有一个所谓的别墨学派，而是说墨家内部分派之后，由于"俱诵《墨经》而倍谲不同"所造成的互相指责之辞。各派都以自己为墨家的正统，而斥责对方为"别墨"。正如《韩非子·显学篇》所说："自墨子之死也，有相里氏之墨，有夫氏之墨，有邓陵氏之墨，……取舍相反不同，而皆自谓真墨。"自己称自己为"真墨"，指责对方为"别墨"，这完全是墨家内部派别之争的表现。因此，根本不存在一个所谓的"别墨"派别。至于惠施与公孙龙，他们绝不是墨家的分派，他们已经与墨家的思想有了根本的区别：惠施与公孙龙的名家思想中有着浓厚的诡辩论，而墨家正是名家诡辩论的反对者。因此，决不能把惠施与公孙龙划入墨家之列。（关于名、墨两者之间的具体分歧，我们将在本编第八节中专门讨论）

就名家内部来说，惠施与公孙龙两者的思想又有着各自的特点。惠施偏重于研究概念之间的联系和转化，即概念之间的同一性问题。就这点来看，惠施与邓析的思想较近，邓析也侧重于概念之间的相对性、概念之间转化关系问题的研究。而公孙龙则偏重于研究概念之间的差异性，强调概念的独立性和绝对性。惠施的"合同异"与公孙龙的"离坚白"这两个命题的区别，就是他们两者之间不同的思想方法的反映。至于他们之间为什么会造成这种区别，依我看来，则是他们两人各自所处的时代环境有所不同的缘故。

惠施处于战国中期稍前的时期，当时许多诸侯国家正在实行变法运动。例如在这一时期中，韩国韩昭侯时（公元前358年～公元前333年在位），任用申不害为相，申不害"以术干韩昭侯"，加强了封建君主专制的统治，增强了国力。齐国在威王时（公元前378年～公元前343年），任用邹忌为相，"修法律而督奸吏"，使得齐国逐步强盛起来。著名的秦国商鞅两次变法，从而在秦国实现了封建化。商鞅的第一次变法在公元前356年，另一次则在公元前350年。惠施的活动正好处在诸侯国变法的高潮中（惠施约生于公元前370年，死于公元前318年），惠施自己曾经也想在魏国推行封建法治。正由于这些政治变革的要求，惠施着重研究了概念之间（名与名之间）的转化关系，揭示了它们之间的相对性原理，反对那种形而上学的不变论，从而猜测到了许多辩证法思想。然而，惠施的辩证法思想有个很大的弱点，这就是他过分地强调事物的相对性，忽视了转化的条件性，从而使自己的思想带有很浓的相对主义诡辩论的成分。所有这些惠施思想中的弱点和糟粕的东西，都为稍晚于他的庄周（约公元前369年～公元前286年）所歪曲和利用。庄周政治上散布消极、悲观、厌世的思想情绪，在哲学上则大肆鼓吹相对主义的诡辩论。他歪曲和利用惠施关于矛盾转化的思想，夸大事物的相对性，完全否定了事物质的规定性。例如惠施曾经提出了"方生方死"的命题，庄周则得出了"齐生死""齐是非"的相对主义的诡辩论结论。

后起的名家代表人物公孙龙，约生于公元前320年。卒于公元前250年。他活动的时间比惠施的活动时间晚近半个世纪。当时，各诸侯国变法运动的高潮已经过去，封建制度在诸侯国中都得到了进一步的巩固。为了把新秩序稳定下来，地主阶级就不再强调事物的相对性与可变性。公孙龙的哲就是适应着这种政治需要而产生的。为此,公孙龙针对惠施哲学的弱点和庄周抹煞事物的质的规定性,抹煞事物质的差别的相对主义错误思想,着重研究了概念之间的差异性,强调不同事物的质的区别,企图与相对主义划清界限。但是,由于他不能正确地解决同一性与差异性之间的辩证关系,因而过分地强调了差异性而否定了同一性,从而使自己的哲学最后又陷入诡辩论的泥坑。

由于惠施与公孙龙各自所处时代的要求不同,因而他们的思想方法也就有不同的特点。除此之外,他们之间还有一个不同的地方,那就是惠施并不研究名实之间的关系,而公孙龙却是以研究名实关系为根本宗旨的。由于以上的种种差别,所以惠施与公孙龙的哲学,在战国中期的名家中便形成为两个大派,即以惠施为代表的"合同异"派,和以公孙龙为代表的"离坚白"派,或称形名派。前者强调概念之间的同一性,后者则强调概念之间的差异性。"合同异""离坚白"互扇于战国中期。"天下之辩者"则皆以"坚白""同异"之辩"相与为乐",从而掀起了一股名辩思潮。这一思潮的勃兴对于推动我国古代辩证思维的发展和逻辑学的研究起了一定的作用。参与这一名辩讨论的除了名家之外,还有后期的墨家、道家、法家、儒家和阴阳家等。他们之中有的是站在没落阶级的立场上来参加论辩的,如道家的庄周;有的是站在新兴地主阶级比较激进的政治立场上来参加论辩的,如法家,也有的是接近生产者阶级,是在总结生产斗争经验的基础上,提出自己的理论来参加论辩的,如后期墨家。惠施与公孙龙所代表的名家学派,则是站在地主阶级中那些政治上比较保守的封建贵族的立场上来发起论辩的。因此,名家学派的思想往往既有进步的一面,又有保守的一面。他们的思想可以简单地归结为这样几点:

(一)在概念分析中,他们都不同程度地猜测到了一些辩证法思想,公孙龙还在名实关系上坚持了名应符实的正确观点。这些思想对于当时澄清概念混乱的现象起了一定的作用。

(二)他们都主张维护新建立起来的封建秩序,主张维护封建君权(公孙龙)和封建法治(惠施)。

(三)他们又都主张维护当时的封建割据状态,鼓吹"兼爱天下"(公孙龙)、"泛爱万物"(惠施)的说教,主张实行"偃兵"的政策,反对当时有助于统一的兼并战争。

(四)他们的辩证法又往往与诡辩论划不清界限,其思想中都夹杂着很浓的诡辩论成分和唯心论的东西。

综上所述,我们可以看到,名家学派思想中的精华与糟粕是交织在一起的。对于这种精华与糟粕混杂的复杂情况,我们必须作具体的分析。

名家学派在战国中期达到了全盛时期,这完全是当时时代的需要所造成的。到战国后期,社会日益要求统一,思想界也日益趋向统一,而"名实散乱"的现象随着封建制度的进一步巩固也得到了克服,全国统一的问题便成了当时的首要问题。在这种情况下,名家中的一些保守思想(如维护封建割据状态和思想中的诡辩论等)也就越来越成为不合时宜的东西了。这时，主张用暴力来建设中央集权的封建专制主义的法家学派的国家理论，适应着时代的要求，代表着新兴地主阶级的利益，从而占据了社会的统治地位。而名家学派则失去了它原先存在的条件，并且还受到了居于统治地位的法家思想的批驳和排斥。于是，它从此便日趋衰落，并且一蹶不振，只是到了魏晋时期才出现复苏的机会。名家学派本来就是在新旧思想交替之下"名实散乱"时期的产物，一旦产生它的条件不复存在，它也就随之泯灭，这完全合乎历史发展的规律。因此，只有把名家学派放到它所处的经济、政治的历史条件下去考察，才能对它作出科学的说明。

第四节　惠施"合同异"的哲学思想

战国时期，各个大的思想流派都发生了内部的分化，儒家分为八而墨家分为三。因此，名家也不例外。如上所说，名家分成了两大思想派别。但由于不像儒墨那样分派之间存在着严重的纷争和对立，因而名家分派常不为人们所注意。然而，名家的两派，即以惠施为代表的"合同异"派和以公孙龙为代表的"离坚白"派之间的思想方法不同是显而易见的。为了把握住整个名家的哲学思想，我们将在下文对这两派的哲学进行分别研究。由于惠施在历史上先于公孙龙，这里就先来考察一下惠施"合同异"的哲学。

惠施（约生于公元前 370 年，卒于公元前 318 年），宋国人，曾当过魏相，为魏惠王拟订过法律。正如《吕氏春秋·

淫辞》所记载的，他"为法已成，以示诸民人，民人皆善之；献之惠王，惠王善之"。但是，由于遭到翟翦等一些大臣的反对，惠施拟订的法未能实施。荀况说惠施"不法先王，不是礼义"，并把他与邓析并提，看来惠施是颇有一些革新思想的。然而在诸侯国之间，惠施却主张"偃兵"，反对兼并战争。《韩非子·外储说上》记载说："张仪欲以秦、韩与魏之势，伐齐荆。而惠施欲以齐荆偃兵。"偃兵，就是息兵，不要打仗。他还主张"去尊"。由于历史资料缺乏，他的"去尊"思想究竟是指什么，我们已不得而知。但是，从他提出的"泛爱万物，天地一体"，以及"偃兵"的思想来看，他的思想很可能与公孙龙一样，颇受墨家兼爱思想的影响。他的"去尊"思想，恐怕也就是主张兼爱、泛爱，不主张搞统一，反对各诸侯国统一起来定于一尊的意思。① 就其鼓吹泛爱、偃兵，反对用暴力来统一中国而言，惠施的思想与当时主张用暴力解决统一问题的法家思想比较起来，则是比较温和与保守的。

惠施的思想资料被保存下来的，只有《庄子·天下篇》

---

① 《吕氏春秋·爱类》记载的惠施与匡章的一段对话说："匡章谓惠子曰：'公之学去尊，今又王齐王，何其到（倒）也？'惠子曰：'今有人于此，欲必击其爱子之头，石可以代之。公取之代乎，其不与？'施取代之，子头所重也，石所轻也。击其所轻，以免其所重，岂不可哉？……。'"惠施又说："今可以王齐王，而寿黔首之命，免民之死，是以石代爱子头也，何为不为！"王齐王，即是尊齐王为王。惠施主张"去尊"，然而又主张"王齐王"，这不是矛盾吗？依惠施看来，这不矛盾，这是一种为了"免民之死"、"寿黔首之命"的以石代头的权宜之计。

中所记载的十个命题。《汉书·艺文志》曾著录有《惠子》一篇，但已佚失。《庄子·天下篇》称："惠施多方，其书五车。"这说明惠施著的书是很多的。并且《庄子·天下篇》还记载说，南方一个叫黄缭的人问惠施"天地所以不坠不陷，风雨雷霆之故"时，惠施能"不辞而应，不虑而对，遍为万物说，说而不休，多而无已，犹以为寡，益之以怪"，这也说明惠施的知识非常渊博深奥，而且异乎寻常。由于他着重于对天下万物的研究，所以《庄子·天下篇》又说他"弱于德，强于物""散于万物而不厌，……逐万物而不反"。但是，惠施的这些思想全没有保存下来，因而他究竟对万物有过怎样的看法，我们已不得而知。他的自然观是唯物的还是唯心的，我们也不能强下判断。由于资料不足，这里只好存疑。下面我们分析一下《庄子·天下篇》中保存下来的惠施的十个命题（或称历物十事）的思想：

一、"至大无外，谓之大一。至小无内，谓之小一。"

关于"大一"与"小一"的思想，《管子》中《内业》《心术》等篇中也曾讲到过。《管子》这几篇中认为，道即是精气，精气就是"其细无内，其大无外"。这里的"无内"表示最小的东西（无限小），"无外"表示最大的东西（无限大）。意思是说，精气就是最小的东西，因为它无形体；同时精气又是最大的东西，因为它充满于整个无限的宇宙之中。惠施的"至大无外，谓之大一。至小无内，谓之小一"的命题与《管子》的思想颇有相似之处。唐人成玄英疏："囊括无外谓之大也，入于无间谓之小。"依惠施看来，最大的一个东西就是无限大，它是没有外部的（"无外"），这是因为有外就有边，有边就有限，那就不是最大的。所以说最大的东西是无外的。同理，最小的东西应当是无限小，比任何东西都小，它是没有内部的（"无内"）。一个东西如果有内部就可以再分割，那就不是最小。因此惠施认为至小的东西是无内的。其实，至小的东西只是无限地接近于无内，等同于无内也就等于零，这就不是无限小了。惠施关于至大与至小的辩论，是我国古代哲学家对于无限大与无限小这一对矛盾概念最初的认识，在我国古代认识史上应占有一定的地位。

二、"无厚不可积也，其大千里。"

这一命题与上面的命题是相联系的，是上一命题的具体运用。"无厚"也就是"无内""至小"，但"无厚"又可以是"其大千里"，"至大无外"的。关于"无厚"的问题，《庄子·逍遥游》中曾经讲到："水之积也不厚，则其负大舟也无力。""风之积也不厚，则其负大翼也无力。"庄周在这里讲的是"风之积"的厚薄问题，是讨论一个比较具体的问题。而惠施讨论的问题则比较抽象，他并不讲具体事物的厚薄，因而这是一个带有一般性的命题。惠施认为，只要是无厚就不可以积累，而其大却是千里的。在这里，惠施很可能是就数学上的面积这一概念而言的。数学上抽象的面积概念是无厚的，有厚就成为体积了，而抽象的面积却是可以无限地延伸达千里、达无外的。可以说，这是我国古人对于数学上的面积概念的认识。或者说这一命题是惠施对于物质的气的描述。《管子·内业》说:"不见其形,不闻其声,而序其成,谓之道。"这里的道就是气,气是无形无声,"其细无内,其大无外"的。既然气是无形的,"其细无内"的,那么在惠施看来,气就应当是无厚的。无厚就不可以积累成体。所以说:"无厚不可积也。"然而气又是充满于宇宙之中、"其大无外"的,因此又可以说它是"其大千里"的。

"无厚不可积也,其大千里",不论其讨论的问题是气也好,是面积也罢,这一命题包含着惠施对于至小与至大之间矛盾关系的猜测。在一般人看来,最小的东西就不可能是最大的东西,最大与最小两者是绝对排斥的。但惠施认为,世界上不存在绝对排斥的两个对立物,对立的东西是可以统一的。至小无厚的东西其大可以达千里,达无外,至小(无限小)与至大(无限大)是对立的统一。

三、"天与地卑,山与泽平。"

一般人总是认为,天高地卑、山高泽低。而惠施却与一般人的见解不同。他认为"天与地卑,山与泽平"。关于惠施的这一命题,《荀子·不苟篇》记载为:"山渊平,天地比。"唐人杨倞注云:"比,谓齐等也。""天地比"则为"天地齐等"也。"天与地卑"与"天地比"义相近。"山与泽平"与"山渊平"义同。《一切经音义》说:"以平地比天,则地卑于天。若以宇宙之高,则似天地皆卑。天地皆卑,则山与泽平矣。或曰:'天无实形,地之上空虚者尽皆天也,是天地长亲比相随，无天高地下之殊也。在高山则天亦高，在深泉则天亦下。故曰天地比。地去天远近皆相似，是山泽平也。'"如果按《一切经音义》的第一种解释，则天地的高卑是相对而言的，以平地与天比，地卑天高；以宇宙与天地比，则天地皆卑。如果按照后一种说法，则认为天无形，地之上皆天，天地长相比随，无有高卑之分。这两种解释似乎都说得通。

"天与地卑，山与泽平"，这两个命题很可能是惠施通过对于自然界的观察比较而得出的结论。譬如：一个人站在一望无际的平原上，极目远眺地平线处天地相接，尊卑无间。又如：高原上的湖泊与平原上的高山一样高，或者高山与高山上的湖泊一样平。诸如此类等等。

总之，"天与地卑"也好，"山与泽平"也好，这两个命题都是讲高低、上下的位置是相对的，不是绝对的，高低、上下是可以转化的。尤其是"天与地卑"这一命题，在当时对于打破天的神秘性，破除天尊地卑的传统宗教迷信观念具有一定的进步意义。但是，"天与地卑"的命题毕竟有其片面性。因为它否定了在一定范围内天地两者之间高低的差别性。同样，"山与泽平"也是有一定条件的。高低本来是相比较而存在的。高原或高山上的湖泊与平原上的高山相比而言是平的，但不能离开这一条件来讲高低的转化。惠施的这两个命题的缺点是没有讲一定的范围与条件。因此，与否定高低、上下差别的相对主义诡辩论划不清界限，这两个命题带有诡辩的性质。

四、"日方中方睨,物方生方死。"

何谓"日方中方睨,物方生方死"呢?成玄英疏:"睨,侧视也。居西者呼为中,处东者呼为侧,则无中侧也。犹生死也,生者以死为死,死者以生为死。日既中侧不殊,物亦死生无异也。"成玄英是从相对主义出发来解释这两个命题的,他否定中侧、死生的区别,这恐怕并不符合惠施的原意。惠施强调的是一个事物在时间上的运动变化。"日方中方睨,物方生方死",这里都强调了一个时间副词"方"字,"方",即正也,适也,表示现在的意思。"日方中方睨",这是说日刚升到正中,就开始西斜了。在这里,惠施看到了在同一瞬间,正中与西斜在日的运动中是一对矛盾,即运动在同一瞬间既是中又是睨。所以,《庄子·天下篇》所记载的辩者二十一事中有这样的命题,叫作"镞矢之疾而有不行不止之时"。这一命题所表达的思想与惠施"日方中方睨"的思想很相似,(关于辩者二十一事下面将详述)正如恩格斯所说:"运动本身就是矛盾,连简单的机械的移动之所以能实现,也只是因为物体在同一瞬间,既在一个地方,又在另一个地方……"① "日方中方睨"的矛盾运动,构成了日的运行,这是惠施对于"运动本身就是矛盾"思想的天才的猜测。

"物方生方死"这一命题说的又是什么意思呢?它是说,一个生物刚生出来,同时也就开始走向死亡,生与死是对立

---

① 《马克思恩格斯选集》第 3 卷,人民出版社 1972 年版,第 160 页。

的统一。惠施的这一思想是很深刻的。恩格斯曾经精辟地分析过生物的生与死的矛盾，他说："生物在同一瞬间，既是它自身，又是别的东西。"① "生命总是和它的必然结果，即始终作为种子存在于生命中的死亡联系起来考虑的，……生就意味着死。"② 这就是说，在同一瞬间，生物既是它自己，又是别的东西，肯定中包含有否定，因此决不能把生与死两者截然割裂开来。当然，生物活着的时候，生的方面占主导地位，这是应当肯定的。生物死后，死的方面占主导地位，这也是应该肯定的。决不能否定生与死的质的差别，把生、死等同起来，得出死就是生，生就是死，死生无别的结论，惠施在这里的可贵之处是猜测到了生死是对立的统一这一辩证法思想。但是，他并没有能指出生与死的质的差别，没有指出活着的时候生占主导方面，死了的时候死占主导方面，因而这种思想很容易为诡辩论所利用。庄周就是利用这一"物方生方死"的命题，否定生死之间的质的差别，从而得出"齐生死"的诡辩论结论的。

五、"大同而与小同异，此之谓小同异。万物毕同毕异，此之谓大同异。"

惠施这一命题是专讲万物之间的同异关系的。《吕氏春秋·有始览》中也有类似惠施这一思想的说法。《吕氏春

---

① 《马克思恩格斯选集》第3卷，人民出版社1972年版，第160页。
② 《马克思恩格斯选集》第3卷，人民出版社1972年版，第570页。

秋·有始览》说："天地万物，一人之身也，此之谓大同。众耳目鼻口也，众五谷，寒暑也，此之谓众异。"意思是说，从天地万物一体来看，五谷寒暑都是天地中的一物，是没有什么区别的，就像耳、目、鼻、口都是一人身上的器官一样没有什么区别，这就叫"大同"。至于分别从各个事物来看，则耳、目、鼻、口是不同的，五谷、寒暑也是各异的，这就叫"众异"。《吕氏春秋·有始览》对"大同""众异"的这种解释，似乎可以用来理解惠施的这一命题。从天地一体来看，万物都是天下的一物，概莫能外，这就是毕同。把各物分别开来看，万物又莫不相异，这就是毕异。毕同与毕异就是大同与大异。所以惠施说："万物毕同毕异，此之谓大同异。"至于从大同即毕同的角度来看，万物之间的异只是小异。从大异即毕异的角度来看，万物之间的同又是小同。这就是说，大同中有小异，小同中有大异。反之亦然，大异中有小同，小异中有大同。这样的同异关系就叫作："大同而与小同异，此之谓小同异。"在这里，惠施看到了同中有异，异中有同，同异之间有着对立统一的关系。之所以称惠施为"合同异"派，其原因就在于惠施看到了同与异的矛盾关系。

对于惠施的这个命题，还可以作这样的理解：就是说，就万物全体而言，各有同的一面，又各有异的一面，这是概莫能外的，这叫作"毕同毕异"，或谓"大同异"。而就万物的分类属而言，有大类有小类，大类包括小类，小类之同与大类之同是有差异的，这就叫作"小同异"。在这里，惠施也是讨论事物之间的同异关系问题。

六、"南方无穷而有穷。"

南方究竟是无穷还是有穷？这也是战国学者常讨论的问题。如《墨经·经说下》说："南者有穷则可尽，无穷则不可尽。"这是《墨经》在讨论能否兼爱一切人时所涉及的问题。意思是说，如果南方是无穷的，那么，无穷怎么能做到兼爱呢？南方只能是有穷的，只有有穷才能做到兼爱。这是一个设问句，《墨经》的回答是，南方是无穷的，但南方的人是有穷的，所以南方无穷并不妨碍人能做到兼爱（"无穷不害兼"）。至于世界无穷的问题，《庄子·则阳篇》也曾讨论过。《则阳》云：戴晋人"曰：'臣请为君实之，君（魏惠王）以意在四方上下有穷乎？'君曰：'无穷。'"由此可见，当时人们已经打开了眼界，有了一定的地理知识，认识到了天下是无穷的，不再坚持把中国当作天下仅有的一个地方的那种传统的看法。据《史记》记载，当时的阴阳五行家邹衍就有一套不同于传统观念的地理学说，他说："以为儒者所谓中国者，于天下乃八十一分居其一分耳。中国名曰赤县神州。赤县神州内自有九州，禹之序九州是也，……中国外如赤县神州者九，乃所谓九州也。于是有裨海环之，人民禽兽莫能相通者，如一区中者，乃为一州。如此者九，乃有大瀛海环其外，天地之际焉。"（《史记·孟荀列传》）照邹衍所了解的地理知识来观察世界，世界就开阔得多了。邹衍认为，陆地外有海洋，海洋外又有陆地，最后还有大瀛海环其外。但是他还认为天有边际，宇宙是有限的（"天地之际"）。《墨经》

则突破了邹衍的有限说，承认南方是无穷的。而惠施又要比《墨经》高出一头，从而从哲学理论思维的高度，解答了世界有限无限的问题。他认为南方是有限的又是无限的。当然东、西、北三方也应当是如此。所以，《经典释文》引司马彪注说："四方无穷也。"虽然惠施得出这一结论的具体论证我们不得而知，但是他对这一问题所下的结论在当时是非常深刻的。无限与有限本来就是对立的统一，我们可以说南方既是有限的也是无限的，但决不能把有限与无限截然地割裂开来。惠施当时是否能这样明确地提出问题，由于资料缺乏，我们很难断定，很可能惠施认为南方是无限的，但既然是南方，就有了方位上的限，有了一定的始点，所以惠施说"南方无穷而有穷"。

七、"今日适越而昔来。"

这一命题是说：今日去越国，然而昨日就已到了。惠施在这里虽然看到了时间的相对性，今与昔是相对而言的，但这明显地是一个诡辩论命题，所以成玄英疏："夫以今望昔，所以有今；以昔望今，所以有昔。而今自非今，何能有昔？昔自非昔，岂有今哉！既其无昔无今，故曰今日适越而昔来可也。"按成氏的解释，今昔是相对的，无今则无昔，无昔亦无今，因为本来就没有今昔的区别，所以说"今日适越而昔来"也是可以的。这显然是一种相对主义的诡辩论。

惠施的这个命题很可能是就今昔的承继性而言的。今日对明日而言，今日可为昔日；明日对后日而言，明日亦可称为昔日。这就是说，今昔是可以转化的。因此惠施认为"今日适越而昔来"，这是可以的。但是，惠施忽略了今与昔在一定条件下都有着自己的规定性，有着绝对性的一面。在一定的条件下，就决不能把今说成昔，把昔说成今，或者把明日说成昔日。惠施的错误就在于夸大了它们之间的相对性，否定了绝对性，从而得出了"今日适越而昔来"的诡辩论结论，这是惠施对概念灵活性的主观运用，完全是违背客观事物本身的辩证法的。

八、"连环可解。"

人们一般都认为连环是不可解的。当时对于连环可解与不可解的问题，也常有讨论。据说当时就有这样一个故事，有人给齐威王后送了一个玉连环，请她解开。王后便拿来锤子，把玉连环打碎了，这样就把玉连环解开了。当时与解连环相似的还有兒说解闭结的事。《淮南子·说山篇》记载说："兒说之为宋王解闭结也。"《吕氏春秋·君守篇》则云："鲁鄙人遗宋元王闭，元王号令于国，有巧者皆来解闭。人莫之能解。兒说之弟子请往解之，乃能解其一；不能解其一，且曰：'非可解而我不能解也，固不可解也。'问之鲁鄙人。鄙人曰：'然，固不可解也，我为之而知其不可解也。今不为而知其不可解也，是巧于我。'故如兒说之弟子者，以'不解'解之也。"《淮南子》说兒说解闭结，《吕氏春秋》说兒说之弟子解闭结，到底是兒说还是兒说之弟子解闭结，我们不必详考。齐威王王后解玉连环以打碎来解之，兒说之弟子解闭结以不解解之。惠施是怎样解连环的，我们不得而知。但惠施擅长于概念的分析，这是可以肯定的。他认为连环可解大概是他分析了解开与结成这一对矛盾之后所下的判断。很可能惠施认为每一个具体的事物都是有成有毁的，连环既然能结成，也就可以解开。当然，连环能够解开也就不是连环了。成与毁、结与解本来就是对立的统一，所以说：连环可解。

九、"我知天下之中央，燕之北，越之南是也。"

传统的说法是把我国的中原地区当作天下的中央，而燕在中国的北方，越在中国的南方，都是不能当作中央的。惠施却一反传统的说法，突破了把中国当作天下中心的旧教条，提出了天下之中央为燕之北、越之南的新命题。这在当时确是一个新颖的具有反传统观念的思想。上面我们已经讲到惠施认为南方是无穷的，当然东、西、北三方也应是无穷的。这就是说，整个天下是无穷的。既然天下是无穷的，也就无所谓中央。中央总是对周围而言的，无穷也就无周围，无界限，既然没有界限，那怎能说有中央呢？所以无所谓中央，燕之北、越之南也可以算作天下的中央。当然，就其一定范围而言，还是可以确定中央与周围的，这主要要看以什么为标准。当时，中国的中央是中原地区，而其他一些地区的中央就不是中原地区，而可以是燕之北，也可以是越之南。这就是说，周围与中央是对立的统一，它们都是相对的，可以互相转化的。惠施的这一认识包含着深刻的辩证法思想。但是，惠施在讲燕之北、越之南为中央时，不是就具体的范围而言，而是泛泛而谈，因而他的这一命题又具有诡辩的性质。

十、"泛爱万物，天地一体也。"

这一命题是对以上九个命题的总结。惠施以上九个命题都是认为世界上没有什么绝对相对立的东西，任何东西都是对立的统一。如：大与小、高与低、中与睨、生与死、同与异、无穷与有穷、今与昔、中央与周围等。它们都是互相对立，但又互相依存、互相转化的。因此，惠施认为天地是一个统一的整体（"天地一体"）。天地之间充满着和谐与统一，没有绝对对立与纷争。据此，惠施最后得出了要泛爱万物的结论。这一结论所表达的显然是一种温和的思想。这种思想完全与他在政治上主张偃兵的政策相一致。他之所以会得出这样的结论，是他在理论上过多地注重了对立面的统一性，而忽视了对立面的斗争性所必然导致的结果。

以上是对惠施十事思想的分析，从这十个命题来看，惠施涉及的问题很广泛，他谈到了无限大的宏观宇宙与无限小的微观宇宙（"至大无外谓之大一，至小无内谓之小一"）、物质的运动（"日方中方睨，物方生方死"）、事物之间的同一与差异（"大同而与小同异，此之谓小同异。万物毕同毕异，此之谓大同异"）、空间的无限性（"南方无限而有穷"，"我知天下之中央，燕之北，越之南是也"）等等。惠施涉及的问题真可称之为"遍为万物说"了。惠施的思想实在是博大精深的，可惜"五车之书"仅存十事，我们也就无法窥其全豹了。惠施十事突出的一点是具有比较丰富的辩证法思想。

概括起来，他的辩证法思想主要有如下几点：

（一）看到了事物都是由两个对立面组成的。惠施所讨论的十个命题，除去第十个结论命题之外，其他九个命题都讲到了对立的两面。如至大与至小、高与卑、中与睨、生与死、同与异、无穷与有穷、今与昔、可解与不可解、中央与周围等。

（二）看到了对立面的同一性。惠施认识到对立的两面绝不是绝对排斥、互相割裂、毫无联系的，而是互相依存、统一在一起的。如同中有异，异中有同，南方既是无穷又是有穷等，这些思想就明确地表达了这一点。

（三）看到了事物都是处在矛盾运动之中，绝没有绝对不变的东西。如惠施认识到日的运行处于中与睨的矛盾运动之中（"日方中方睨"），生物每时每刻都处于生与死的矛盾运动之中（"物方生方死"）等。

（四）看到了对立面的相互转化。惠施认识到天高与地卑、山高与泽低、中央与周围、今日与昔日等，它们都是相对而言的，都是可以相互转化的，高山可以转化成与湖泽一样平，中央可以转化成周围，诸如此类等等，绝没有绝对的不能转化的东西。

惠施的这些辩证法思想，在古代来说都是十分可贵的。几乎可以同先秦哲学中《周易》《老子》与《孙子兵法》的辩证法思想媲美。因此，在我国辩证法思想发展史上，惠施也应占有一定的地位。

当然，惠施的辩证法思想是有缺点的，其主要问题是：

（一）由于他过分强调对立面的统一性而忽视了对立面的斗争性，因而他的哲学最后陷入了矛盾调和论。得出了"泛爱万物"的结论。

（二）由于他讲转化时不讲转化的条件性，讲相对性时忽视绝对性，讲同一性时忽视差异性，因而他的辩证法又往往与诡辩论划不清界限，从而得出了一些如"今日适越而昔来"等诡辩论的结论。

从上面的分折我们可以看出，惠施的哲学思想具有两重性。他的哲学思想既包含有朴素辩证法思想的天才猜测，又包含有相对主义诡辩论的成分和矛盾调和论的色彩。总之，在惠施思想中精华与糟粕是交织在一起的。因此，我们在历史地分析惠施思想的时候，必须坚持一分为二的观点，剔除其糟粕，吸取其合理的精华。

至于惠施的哲学为什么会造成这两重性的特点，这与当时的时代特点和惠施哲学的阶级属性是分不开的。在上文中我们已经谈到，惠施的活动时期正处于各国变法运动高涨的时期，惠施自己也曾想在魏国实行进一步的法治改革，并且，他所拟定的法律还受到了人民的拥护和魏王的称赞（"为法已成，以示诸民人，民人皆善之；献之惠王，惠王善之"），因此，惠施在哲学上就比较强调事物的相对性、事物的运动变化和矛盾转化的思想。从这一点来看，他是站在维护新建立起来的封建制度的立场上的。但是他只讲事物的运动和转化，而不讲事物的斗争性，所以，他的法治改革也就显得非常软弱无力，一旦遭到一些保守的大臣的反对，他所拟定的法治改革方案就立即化为泡影。至于他的"泛爱万物"与"偃兵"的思想，很可能是从本国那些既得利益的封建贵族立场出发的。因为在当时只有偃兵，才能保持住他们这样一些与秦、楚、齐等强国相比则比较弱小的国家的封建贵族的统治。所以，在当时偃兵的思想是符合这些弱小国家的封建贵族维护自己的割据统治的需要的。同时，"泛爱万物"的说教，也是一种鼓吹阶级调和的理论，是当时封建贵族们用来欺骗和统治农民阶级的思想武器，并且，惠施曾经还明确地标榜自己是"治农夫"的人，应当是不劳而食的，这就公开地表明了惠施的剥削阶级的立场。惠施否定事物的差异性，过分地夸大同一性，从而提出的一些相对主义的诡辩论命题，也是为他否认阶级斗争、鼓吹矛盾调和论制造理论根据的。

第五节 以公孙龙为代表的"离坚白"派的哲学思想

为了能够比较全面地把握以公孙龙为代表的"离坚白"派的哲学思想，必须对他们这一派的概况有一个基本的了解，在本节，我们先谈谈这一派的概况，然后再考察公孙龙的哲学思想。

一、以公孙龙为代表的"离坚白"派的概况

公孙龙这一派是名家中的一个重要学派,人们通常把他们称为"离坚白"派。这不仅是因为他们提出了"离坚白"的命题,而且这一命题确实反映了他们哲学思想的方法论特点。所谓"离坚白",就是认为事物(这里以石头作比喻)的坚质和白色这两种属性,是孤立地分离地存在的。公孙龙一派的哲学思想强调事物之间或概念之间的差异性,但常常否定事物或概念之间的同一性。这是公孙龙一派哲学思想的一大特点,"离坚白"这一命题就是割裂事物属性之间的同一性的典型表现,所以人们一般称他们为"离坚白"派。"离坚白"派亦称为"形名"之家。(关于这一问题,谭戒甫先生作了许多考证,可参见谭著《形名发微》)"形名"之家本来也是古人就使用过的称呼。《战国策》上就有这一名称的记载。《战国策·赵策二》记录苏秦与秦王的一段对话说:"夫形名之家,皆曰:'白马非马也。'"这不仅明确地说明了有"形名"之家,而且还说明形名之家就是讲白马非马的。公孙龙讲白马非马,这是人所共知的,但是他讲不讲形名呢?回答只能是肯定的。他的白马非马的学说,也就是形名关系的学说,他在《白马论》中说:"马者所以命形也,白者所以名色也。命色非命形也。故曰:白马非马。"这就是说,马这个名称是专用于命名马的形体的,有怎样的形体,就有怎样的名称。白是命名颜色的。命名颜色的就不是命名形体的,因此白和马连在一起来命名就不是命名马的形体了。所以说:

白马非马。公孙龙的这一论证就是以形名关系的理论为依据。而《名实论》则是他阐述形名关系理论的代表作。

至于在公孙龙之前是否已经有了形名家的存在，由于史料缺乏，我们已经很难详考。据《韩非子·外储说》记载说："兒说，宋人，善辩者也。持白马非马也服齐稷下之辩者。乘白马而过关，则顾白马之赋。"查稷下学宫盛行在齐威王（公元前356年～公元前321年在位）、齐宣王（公元前320年～公元前302年在位）之时，兒说既然"服齐稷下之辩者"，那么他很可能生活在齐威、宣王时。然而，公孙龙的主人平原君赵胜为赵相，却在赵惠文王（公元前298年～公元前266年在位）与赵孝成王（公元前265年～公元前245年在位）之时，略晚于齐宣王。由此看来，公孙龙亦稍晚于兒说，兒说讲白马非马略早于公孙龙。兒说很可能是形名之家的先驱人物。

与公孙龙同时的形名家有桓团、毛公、魏牟（属道家，"悦公孙龙之学"）等，还有其弟子"綦母子之属"。

桓团，《庄子·天下篇》作"桓团"，《列子·仲尼篇》作"韩檀"，桓团与韩檀字音接近，应为一人。《庄子·天下篇》说："桓团，公孙龙，辩者之徒，饰人之心，易人之意。"成玄英疏云：团、龙"并赵人，皆辩士也，客游平原君之家"。据此看来，桓团亦是平原君赵胜的食客。《列子·仲尼篇》云："子舆曰：'公孙龙之为人也，行无师，学无友，佞给而不中，漫衍而无家，好怪而妄言，欲惑人之心，屈人之口，与韩檀等肄之。'"张湛注："韩檀，人姓名，共习其业。"这说明韩檀

（即桓团）与公孙龙的思想是一致的，也属于形名之家。

关于毛公的事迹，我们知道得很少。《汉书·艺文志》把"毛公九篇"列于名家。班固说毛公为"赵人，与公孙龙等并游平原君赵胜家"。颜师古曰："刘向《别录》云：'（毛公）论坚白同异，以为可以治天下。'此盖《史记》所云'藏于博徒者'。"由此看来，毛公是位隐士，与公孙龙并游于平原君家，讨论过坚白同异的问题，很可能亦属于公孙龙一派的学者。

魏牟，《列子·仲尼篇》云："中山公子牟者，魏国之贤公子也，……而悦赵人公孙龙。"张湛注："公子牟，文侯子，作书四篇，号曰道家。魏伐得中山，以邑子牟，因曰中山公子牟也。"《荀子·非十二子篇》杨倞注则云："韩诗外传作魏牟。牟，魏公子，封于中山。《汉书·艺文志》道家有公子牟四篇。"可见魏牟属道家，并且也是一位隐士（《庄子·让王篇》云："魏牟，万乘之公子也，其隐岩穴也。"），但他喜悦公孙龙之学。《列子》记载了他与乐正子舆的一段对话说："公子牟曰：'子何笑牟之悦公孙龙也？'子舆曰：'公孙龙之为人也，行无师，学无友，佞给而不中，漫衍而无家，好怪而妄言，欲惑人之心，屈人之口，与韩檀等肆之。'公子牟变容曰：'何子状公孙龙之过欤？请闻其实。'子舆曰：'吾笑龙之诒孔穿……'公子牟曰：'子不谕至言而以为尤也，尤其在子矣。夫无意则心同，无指则皆至，尽物者常有。影不移者，说在改也；发引千钧，势至等也；白马非马，形名离也；孤犊未尝有母，非孤犊也。'"（《列子·仲尼篇》）

这里公子牟所欣赏的"白马非马,形名离也"的思想,正是公孙龙形名家的思想特点。至于"影不移""孤犊未尝有母"等命题,与《庄子·天下篇》所记载的辩者二十一事中的一些命题相同,因而这些思想亦应属于以公孙龙为代表的离坚白派的思想之列(关于二十一命题下文将详述)。魏牟虽属道家,但是他的思想深受公孙龙学派的影响。

綦母子,为公孙龙弟子。《史记集解》引刘向《别录》云:"齐使邹衍过赵,平原君见公孙龙及其徒綦母子之属,论'白马非马'之辩,以问邹子。"这说明阴阳五行家邹衍曾经在赵,与公孙龙及其弟子綦母子等人辩论过白马非马的命题。而在辩论中,公孙龙、綦母子等人辩输了,所以《史记》记载说:"及邹衍过赵言至道,乃绌公孙龙。"(《史记·平原君虞卿列传》)

从思想渊源上看,以公孙龙为代表的形名家,与墨子和后墨思想颇有瓜葛。《吕氏春秋·审应篇》记载说:"赵惠王谓公孙龙曰:'寡人事偃兵十余年矣而不成,兵不可偃乎?'公孙龙对曰:'偃兵之意,兼爱天下之心也。兼爱天下,不可以虚名为也,必有其实。'"在这里,公孙龙所谈的"偃兵",即息兵、不用兵的意思,也就是墨子所讲的"非攻"。而偃兵,非攻的理论基础就是墨子的兼爱学说,所以公孙龙说:"偃兵之义,兼爱天下之心。"《庄子·秋水篇》记载,公孙龙自称"少学先王之道,长而明仁义之行"。这里的"仁义之行"大概也就是这种"兼爱"思想。对于这种偃兵的思想,公孙龙还以名必符实的原则要求实现之。名必须符合实,"名,实谓也"。(《名实论》）公孙龙的这一名实理论，又是与后墨所讲的"所以谓，名也。所谓，实也""名实耦，合也"（《墨经·经说上》）的思想相一致。因此，晋人鲁胜说："墨子著书，作辩经以立名本，惠施、公孙龙祖述其学，以正刑名显于世。"（《晋书·鲁胜传》）这话对于公孙龙来说，并不是没有一点道理的。由此可看出，以公孙龙为代表的形名家，也出入过墨家学派，但是他们又与墨家学派有根本的分歧。名家学派虽说在名实关系上坚持了一些正确思想，但在整个哲学体系上走上了客观唯心主义的道路，惠施与公孙龙可贵的地方在于他们都猜测到了一些辩证法思想，克服了墨家学派中的一些形而上学观念。而墨家学派对于惠施、公孙龙思想中的诡辩论成分也进行了批判。因此对于名墨之争的谁是谁非的问题，我们必须作具体的分析。（关于名墨之争下文将详述）

二、公孙龙的哲学思想

上文已经讲到，公孙龙是名家学派的主要代表人物之一，又是名家"离坚白"派中的中心人物，并且，保留到今天的有关他的思想资料比起惠施和其他辩者来，要多得多和完整得多，从这些思想资料中，基本上可以概括出公孙龙思想的全貌。这一部分就着重地研究一下公孙龙的哲学思想。

公孙龙，姓公孙，名龙，战国中后期赵国人，约生于公元前325年前后，卒于公元前250年左右。曾做过赵国封建贵族平原君赵胜的食客，为赵胜出谋献策①，并好"形名"之学（《孔丛子》云："公孙龙好形名"）。他的著作原有十四篇（《汉书·艺文志》云："公孙龙子十四篇"），但大半已失散。现存《公孙龙子》一书，共有六篇。其中《迹府》一篇是后人编集的有关公孙龙的事迹。《白马论》《指物论》《通变论》《坚白论》《名实论》五篇基本上是公孙龙的著作，是研究公孙龙哲学思想的主要思想资料。

下面，我们就根据现有的资料，分别研究他的政治思想、逻辑思想和哲学思想。

（一）"以正名实而化天下"的政治思想

在战国中期，各诸侯国都前后进行了变法。在上文中已经讲到，当时楚国有吴起变法，秦国有商鞅变法，韩国有申不害"以术干韩昭侯"，赵国有赵武灵王的改革，齐国则重用田忌、孙膑，实行富国强兵的政策等。由于诸侯国相继兴起了变法运动，战国中期便处在一个剧烈的新旧交替的变革过程中。公孙龙生活的时代大约在战国中期的后半期。在战国中期的后半期，席卷全国的变法高潮刚刚过去不久，由于当时人们的意识常常落后于变化了的存在，因而人们往往用

---

① 《史记·平原君虞卿列传》："虞卿欲以信陵君之存邯郸为平原君请封。公孙龙闻之，夜驾见平原君曰：'龙闻虞卿欲以信陵君之存邯郸为君请封，有之乎？'平原君曰：'然。'龙曰：'此甚不可。且王举君而相赵者，非以君之智能为赵国无有也。割东武城而封君者，非以君为有功也，而以国人无勳，乃以君为亲戚故也。君受相印不辞无能，割地不言无功者，亦自以为亲戚故也。今信陵君存邯郸而请封，是亲戚受城而国人计功也。此甚不可。……'平原君遂不听虞卿。"

旧观念来看待新出现的事物。于是，社会上便产生了不少"名（名称、概念）实（实际内容、实际事物）散乱"的现象。面对这种名实混乱的情况，公孙龙"疾名实之散乱"，主张用"正名实"的办法来治理天下。他的口号是："以正名实而化天下。"（《迹府篇》）他认为，古代贤明的君王之所以能治理好社会，就是因为能够按照"审其名实，慎其所谓"办事的结果。因此，他主张名实不能混乱，名实应当相副。他尤其主张当时君臣之间的等级名位不能弄乱，认为弄乱了就会产生"君臣争而两明也。两明者，昏不明"的情况。（《通变论》）他认为，只要君臣名位正，国家就能强大，国运就能久长。所以他说："是正举也，其有君臣之于国焉，故强寿矣。"（《通变论》）从这里可以看出，他是站在维护已经建立起来的封建君权的立场上来说话的，因而对于巩固当时新兴地主阶级的统治是有利的。这是公孙龙政治思想中进步的方面。当然，学术界对此有不同看法。有人认为公孙龙与孔丘一样，是维护没落奴隶主阶级的君主统治的。他们解释说，在当时情况下，地主阶级本来是奴隶主贵族的臣，而地主阶级竟然向贵族们两立而且要取而代之，这在公孙龙看来就是"两明"，就不是"正举"。其实，这种解释是把时代弄错了。当时全国都已进入了封建社会，当时反对君臣"两明"，强调君主的集权，就是要维护住封建的君臣等级名位。这与孔丘在春秋末年提出的"君君、臣臣、父父、子子"的正名思想，其阶级内容和社会作用是根本不同的。孔丘所处的时代是新兴地主阶级起来夺取政权的时代，孔丘所要维护的君主是旧的奴隶主阶级的君主；而公孙龙则生活在中国都已确立了新的封建制度的时期，公孙龙所处时期的君主是地主阶级的君主。所以，公孙龙的出发点似乎与孔丘相同，但由于时代不同，他们的思想内容实质上也就根本不同了。

当然，公孙龙的政治思想确有其消极、保守的一面。虽说公孙龙在诸侯国内要用"正名实"的办法来维护已经建立的封建秩序的主张具有一定的进步性。但是，他又主张在诸侯国之间实行偃兵的政策，即偃旗息鼓，不要打仗，从而反对当时的统一战争，企图维护战国时代的那种封建割据的局面。所谓"偃兵之意，兼爱天下之心也"（《吕氏春秋·审应览》），很显然，这种偃兵的政治主张，宣扬的是泛爱的说教，鼓吹的是矛盾调和论，这在七国称雄，非用暴力战争不能统一中国的情况下，只能起到阻碍社会进步的作用。

公孙龙上述对内对外的政治主张与惠施的思想主张一样，是反映当时那些比较弱小的诸侯国的封建贵族的要求的。一方面，这些封建地主在自己国内，要求保持住已经取得的权利，因而主张打破旧的传统观念，承认既成事实，重新正名，以维护他们已经建立起来的封建秩序；另一方面，这些封建地主由于自己的力量薄弱，怕在与秦、楚等强国的较量中丧失自己的利益，因此就在诸侯国之间鼓吹"兼爱""偃兵"的说教，这是很自然的。赵惠文王（公元前298年~公元前266年在位）之所以大谈"偃兵"，道理也正在这里。当时，赵国早已进入了封建社会。从公元前403年三家分晋开始，赵国就已经成为一个独立的封建诸侯国。在赵武灵王（公元前325年~公元前299年在位)时,为了使国家富强起来,赵国还实行过有名的"胡服骑射"的改革。但是,赵国毕竟是一个比较弱小的国家,经不住强秦的攻击。在赵孝成王时,赵国曾蒙受过邯郸城之难,几乎为强秦所灭,赵惠文王为了在兼并战争中幸免灭亡,于是就侈谈起"偃兵"来了。平原君赵胜曾经是赵惠文王与赵孝成王的国相,而公孙龙则是赵胜门下的食客,是为赵胜出谋划策的人,很明显,公孙龙就是站在这一批封建贵族的立场上的。他的"偃兵"的主张,也正是符合这一阶级的利益的。当然,所谓"偃兵"在当时仅仅是一种动听的说教。口谈"偃兵"的国家,也常常找寻各种机会,制造种种借口去掠取那些力量弱于自己或与自己相当的诸侯国的土地和人民。因此要真正地实行"偃兵",在当时是不可能的。

(二)"名应当实"的唯物主义逻辑学说

公孙龙的哲学思想和他的政治思想一样,也具有两重性。一方面,为了维护诸侯国内的封建新秩序,他反对名实混乱的现象,主张按照以实定名的原则来"正名实",即主张抛弃当时的旧概念,而用新名称、新概念来反映新事物,巩固新秩序。这是符合当时社会发展要求的,因而,他的名实理论也具有明显的唯物主义的倾向。另一方面,他又鼓吹"偃兵""兼爱"的说教,这就违背了社会发展的要求,脱离了实现全国统一的现实,因而他的哲学思想又陷入了唯心论和诡辩论。下面我们就从他的逻辑学理论谈起。

公孙龙为了实现他"正名实而化天下"的政治主张,首先着重研究了逻辑学上的名（名称、概念）与实（内容、实际）的关系问题。《名实论》就是他这方面理论的代表作。名实问题是战国中、后期哲学战线上所讨论的一个重要课题。当时围绕着名实问题，展开了百家争鸣。"好形名之学"的公孙龙，从维护地主阶级利益的立场出发，企图用"正名实"的办法来肯定社会变革，巩固封建秩序。《名实论》就集中地反映了他这方面的思想。从所保留下来的公孙龙的几篇著作看，《名实论》在公孙龙哲学思想中占有十分重要的地位。公孙龙思想的根本宗旨在于"正名实"，因而《名实论》是公孙龙学说的理论基础。《白马论》则只是《名实论》思想的具体运用，《通变论》不过是对《名实论》的补充，是讨论在事物关系发生变化的情况下，名实关系有无变化的问题，《坚白论》与《指物论》也只是从抽象的意义上，讨论一般概念与事物的关系问题。由此可见，《名实论》是公孙龙整个思想体系的重心。

《名实论》一开头就对"实"下了定义："天地与其所产者，物也。物以物其所物，而不过焉，实也。"这就是说，凡是天地以及天地所产的一切东西，都是物。一个物确实是它那个物而没有一点过差的，这就叫作"实"，即指那个事物的实际的存在（"实在"）。那么，什么是名呢？《名实论》认为名就是对实的称谓："名，实谓也。"它说："知此之非此也，知此之不在此也，则不谓也；知彼之非彼也，知彼之不在彼也，则不谓也。"这就是说，名是用来称谓实的，知道此不是此，知道此已经不在此位上，那就不要用此的名来称谓它。知道彼不是彼，知道彼已经不在彼位上，那就不要用彼的名来称谓它。因此，名与实的关系应该是应名"当"实。也就是说，名必须与实相符合，只有这样的用名才是正确的。所以，《名实论》又说："彼彼当乎彼，则唯乎（相应于）彼，此此当乎此，则唯乎此，其谓行此。"意思是说，用彼名来称谓彼实，两者相符，这样的称谓对于彼来说就是对的，就行得通。同理，用此名来称谓此实，两者相符，这样的称谓对于此来说就是对的，就行得通。因此，要使名实相符，首先就必须弄清楚实际事物是什么，实际事物弄清楚了，它的称谓也就好解决了。

至于对《名实论》中所讲的"其正者，正其实也；正其实者，正其名也"这一句话应作何理解？目前学术界存在不同的看法。有人认为，公孙龙在这里强调的是以名正实，把名当作第一性的东西，因此得出结论说，公孙龙的名实观是唯心主义的。笔者认为，如果单从字面上理解，这句话可以作出这样的解释。但是我们不能以文害辞。只要从《名实论》的思想体系来看，我们就会发现，公孙龙所强调的不是实应当符合名，而是名应当符合实。因为在公孙龙看来，名只是实的称谓，是从属于实的，实变了，名也就要随着变。因此，笔者认为对这一句话应当作这样的解释：正，是校正的意思。这句话说的是校正名实关系的问题。就是说，要校正名实关系，就要校正那个我们所要称谓的实际事物；而要校正我们所要称谓的实际事物，就要校正它的名称、概念，使其名符合其实。笔者认为这样的解释是符合公孙龙思想的原义的。前人伍非百就解释说："所谓正者，在正其实。如何正实，在正其名。盖实不可正，……不能正，亦不必正。而正其实者，惟在正其名而已矣。"（引自陈柱：《公孙龙子集解》）王琯也说："正之标准，由实而定，其实既正，名亦随之。故曰：'正其所实者，正其名也。'"（王琯：《公孙龙悬解》）伍、王二人对公孙龙这句话做出以实正名的解释，与公孙龙整个《名实论》的思想是一致的。

就名是对实的称谓，"名应当实"，名必须符合实这一点来说，公孙龙的名实观在逻辑上是合理的。同时，在《名实论》中，他对"物"和"实"所下的定义还带有唯物主义的倾向。他认为"实"就是天地及天地所产的物的实际存在。这显然是把物当作客观的第一性的东西，而"名"则是第二性的东西。公孙龙这种唯物主义的名实观与孔丘的唯心主义正名观是正相对立的。公孙龙主张以实为基础来调整与实脱节和与实不相符合的概念和名称，从而克服了当时社会上出现的"名实散乱"的现象；而孔丘所主张的则是以名为基础，使已经变化了的实际去符合旧有的概念和名称。但是，公孙龙在《指物论》中对"物"下了这样的定义："物莫非指也"，从而把物当作由事物属性的共相概念所组成的东西，使自己又陷入了唯心主义。

公孙龙的《通变论》是他的《名实论》思想的进一步发挥。《通变论》主要讨论在事物之间的关系或位置发生变化的情况下（事物本身并未起变化）名实关系是否有所变化的问题。在《通变论》中，公孙龙坚持了即使在事物关系发生变化的情况下，名实关系仍然不能相乱的思想。他举例说，牛与羊混合在一起，牛仍然是牛，羊仍然是羊，牛羊的名实不变，牛羊决不会因为混合在一起就能成为鸡或马的。青与白两种颜色的名实关系也是一样，青是青、白是白，并列在一起决不能成为黄色。但青、白两种颜色互杂，就会出现青不青、白不白的杂色。然而公孙龙认为这种杂色并不是正色，而是一种反常的现象。这犹如君臣两明，名位不正，互相争明，出现混乱，君臣之间名实不当是反常的现象一样。所以他坚决主张要以实正名，克服当时名实混乱的现象。

（三）"白马非马""离坚白""物莫非指"的形而上学与唯心主义的哲学学说

根据《淮南子·齐俗训》的说法，公孙龙哲学思想的特点是："别同异、离坚白"。也就是说，公孙龙的哲学特点是否认事物之间的同一与联系，片面强调事物之间的差异和分离。虽说公孙龙在名实关系上坚持了名必符实、以实定名的唯物论思想，但由于他割裂了一般与个别、同一与差异、相对与绝对之间的联系，主张孤立地考察问题，因此，他哲学思想整个体系的唯心论与形而上学的性质是显而易见的。他哲学思想的诡辩论与唯心论性质，是他形而上学思想方法的必然产物。《白马论》《坚白论》和《指物论》则就是他形而上学哲学思想的代表作。下面我们就具体地来分析一下公孙龙的哲学思想。

1. "白马非马"学说的形而上学诡辩论与合理的辩证法思想因素

《白马论》是公孙龙的一篇著名论文，他的诡辩论思想集中地表现在这篇著作中。《白马论》通篇是讨论白马与马的关系问题，即特殊（或个别）与一般的关系问题。公孙龙在研究这一关系的过程中，过分地夸大白马与马之间的差异性，否认它们之间的同一性，从而得出了"白马非马"的诡辩论结论，成为我国古代一个著名的诡辩家。然而，我们也应当看到《白马论》中确实具有一些辩证思想的因素。因此，我们在分析《白马论》时，必须弄清究竟哪些是诡辩论思想，哪些是辩证法因素，坚持对《白马论》采取科学的分析态度。

《白马论》首先是对《名实论》所讲的名应当实，名以谓实这一原则的具体运用。因此，公孙龙在《白马论》中一开始就说："马者，所以命形也。白者，所以命色也。命色者非命形也。故曰：白马非马。"这就是说，马这个名称是用来命名形体的，白这个名称是用来命名颜色的。命形的不同于命色的，而白马既是命形又命色的，因而它不同于命形的。所以说：白马不是马。在这里，公孙龙强调了名应当符合实，主张以实定名，认为白马的名只能称谓白马这一实，马的名只能称谓马这一实，白马与这两者不论是名还是实，都不是一个东西。到此为止，公孙龙的看法本来是合理的。但是，正如列宁所指出的，真理只要多往前跨一步就会变成谬误。在这里，公孙龙虽然看到了白马与马之间的差异性，但否认了白马与马之间的同一性，否认了概念之间的类属关系，即共名与别名之间的内包关系，否认了白马应该包括在马这一类中的事实，从而得出了"白马非马"的诡辩论结论。他之所以陷入了诡辩论，是他把特殊（白马）与一般（马）形而上学地加以割裂的缘故。

然而，学术界目前对于《白马论》是否割裂了一般与特殊的关系问题也存在不同的看法。有的人认为"白马非马"这一命题，并不是说白马不是马，而是说白马不等于马，即"白马异于马"的问题。因此，他们认为这一命题并没有割裂特殊与一般的关系，这并不是一个诡辩论的命题。当然，《白马论》中曾经讲过这样的话："以有马为异有黄马，是异黄马于马也。异黄马于马，是以黄马为非马。以黄马为非马，而以白马为有马，以飞者入池，而棺椁异处，此天下之悖言乱辞也。"在这里，公孙龙谈到了黄马异于马的问题，看到了黄马不等于一般的马的特点。但是他的结论是"黄马为非马"，这就与"白马非马"的思想观点是一致的，"非"这一词是不同于"异"这一词的。异对同而言，非对是而言，所以《玉篇》解释"非"为"非者，不是也"。《庄子》则经常把是非连称，提出了"齐是非"的命题。公孙龙不过是通过对白马异于马的论证过程得出了"白马非马"的结论而已。白马异于马，是说白马不同于一般的马，而不是说白马不是马。正由于在这里推不出"白马非马"的结论，所以公孙龙在论证时，就只好用偷换概念的诡辩论手法来解决这一问题。例如他说："求马，黄、黑马皆可致；求白马，黄、黑马不可致。使白马乃马也，是所求一也。所求一者，白马不异马也。所求不异，如黄、黑马有可有不可，何也？可与不可，其相非，明。故黄、黑马一也，而可以应有马，而不可以应有白马，是白马之非马，审矣。"在这一段话里，公孙龙至少耍了这样两个花招：一是他首先把"白马乃马"（即"白马是马"）说成就是白马等于马，白马与马两者没有任何差别。这显然是偷换概念。然后他就论证白马与马的差异，以此证明白马非马，即做出白马不是马的结论。在这里，公孙龙明显地暴露了自己错误的思维方法，即同就是同，异就是异，同异之间没有任何的联系。因而白马是马也就应当是白马全等于马，两者不能有所差异，白马与马有差异的话，白马就不是马了。这显然是一种形而上学的思想。二是他的诡辩论还在于他一方面承认黄、黑马为马，而另一方面又不承认白马为马，这就使他自己陷入了矛盾。公孙龙既然承认黑、黄马为马，那么也就应承认白马为马，然而他却不承认白马为马，只承认黄、黑马为马，这就使他自己从逻辑上陷入了混乱，因而他最后只得耍个诡辩说："黄、黑马一也，而可以应有马，而不可以有白马，是白马之非马审矣。"在这里，他的白马非马的结论显然是推不出来。"黄、黑马可以应有马"，而"不可以有白马"，仅仅根据这两个前提决不能推出白马非马的结论。这犹如仅根据张三、李四是人，但王五不是张三、李四的前提，而推出王五不是人的结论一样，是永远不能成立的。

　　那么，《白马论》中究竟还有没有一些合理的思想因素呢？回答是肯定的。笔者认为，它的合理的思想主要表现在论证"白马非马"这一结论的过程中，它天才地猜测到了一些一般与个别的辩证法思想。

列宁指出:"任何一般只是大致地包括一切个别事物,任何个别都不能完全地包括在一般之中,如此等等。"① 这就是说,个别与一般之间存在着矛盾,个别是不能等同于一般的,个别的内容总要比一般丰富得多,一般也只是个别的一部分、一方面,或本质等。《白马论》确实涉及了一般与个别的关系问题,并且猜测到了一些个别与一般之间的辩证关系。的确,白马(特殊)是不能等同于马(一般)的。公孙龙不仅看到了这一点,而且,还论证了这一点。首先,他从概念所包含的内涵上来论证特殊(白马)与一般(马)的差别。他说:对于一般的马,并不考虑它有什么颜色的规定("马者,无去取于色"),而对于白马却必须肯定它是白色的("白马者,有去取于色")。这就是说,个别(特殊)的内容要比一般丰富,属于特殊的白马是不能等同于一般的马的。其次,他从马与白马这两个概念的外延的不同上,论证了白马与马的不同。他说:"求马,黄、黑马皆可致,求白马,黄、黑马不可致。"这就是说,马这一概念的外延包括所有各种不同颜色的马,而白马这一概念的外延只能限于白色的马。因此白马与马是不同的。这说明公孙龙确实看到了个别(特殊)与一般之间存在着差异和矛盾,因而决不能把个别与一般绝对地等同起来。就提出个别与一般这对范畴并加以论证这一点说,公孙龙的思想在当时确实是一个创见,对人类认识史也

---

① 《谈谈辩证法问题》,《列宁选集》第二卷,人民出版社1972年版第713页。

是一个有益的贡献。但是，他虽然看到了一般与个别之间的差异与矛盾，然而并不是从这一点出发，引出正确的结论，而是无限地夸大了这一点，以致否认一般与个别的同一性，把"白马异于马"硬说成是白马不是马，从而得出了"白马非马"的诡辩结论。这就像古代西方的诡辩家芝诺那样：虽说看到了运动中包含有静止的辩证关系，然而却夸大静止的方面，得出了"飞矢不动"的诡辩论结论。这又一次说明古代的辩证法常常会成为通向诡辩论的桥梁。公孙龙本来是"疾名实之散乱"，要以"正名实而化天下"为其哲学的一大宗旨的，但由于不能全面、正确地把握一般与个别的关系，结果走向了自己主观意愿的反面，欲正名实反而弄乱了名实关系。这一认识史上的教训，是值得记取的。

2. "离坚白"与"物莫非指"的客观唯心主义学说

公孙龙在《名实论》中研究了名实关系问题，并且还提出了"天地与其所产者，物也"的带有唯物主义思想的命题。但是，在《坚白论》与《指物论》中，他对于客观物质世界的看法却陷入了客观唯心主义。《坚白论》主要讲事物不同属性之间的关系问题（石之坚质与石之白色之间的关系问题）。《指物论》主要讲事物本身究竟是怎样构成和怎样存在的问题。这两篇著作集中地反映了他对于客观世界的看法。

"离坚白"就是《坚白论》中一个主要的命题。公孙龙在这篇著作中首先分析了石头的两种不同属性的不同特点，认为石头既有用手可以摸到而用眼看不到的坚质这一属性，同时又有用眼可以看到而用手却摸不到的白色这一属性。然后他便夸大这两种属性的差异，否认它们之间的同一性，认为坚与白是两个各自独立存在的东西，不能同时存在于一个具体的事物——石头之中。从这里就可以看出，他不仅割裂了事物属性之间的联系，而且割裂了事物与事物属性的联系，得出了离开事物还有事物属性独立存在的荒谬结论，从而跌入了唯心论的泥坑。

公孙龙"离坚白"思想的立论根据是："视不得其所坚，而得其所白者，无坚也。拊不得其所白，而得其所坚者，无白也。"这就是说，当你用眼看不到坚而只看到白时，这时就没有坚的存在而只有白的存在；同样当你用手摸不到白色而只能得到坚的感觉时，这时也就没有白的存在而只有坚的存在。那么，见到白色时没有坚的存在，这时坚质到哪里去了呢？而摸到坚质时没有白色的存在，这时白色又到哪里去了呢？公孙龙的回答是：这时它们各自都隐藏起来了（"自藏"）。既然各自都隐藏起来了，所以公孙龙认为它们是各自分离的（"离也者，藏也"）。在这里，公孙龙看到了不同的感官有不同的感觉作用这一特点，这是很可贵的。然而他却用人的不同感官有不同的感觉差别，来论证事物本身的属性是各自分离和隐藏存在，这就犯了把主观感觉当作客观事实的错误。其实，眼感觉不到坚，并不能证明坚不存在；手触摸不到白，也不能证明白不存在。公孙龙的坚、白"自藏"，其实是说事物的属性可以脱离事物而存在，这样就很明显，"坚""白"就不是事物本身的属性，而成为抽象的概念了。公孙龙又认为这些概念是可以各自独立藏着的，这就在实际上承认了在现实世界之外，还有一个虚的潜在的概念世界的存在。各种概念都是这一世界中独自存在着的客观精神实体，从而，公孙龙哲学思想的客观唯心主义的实质便暴露无遗了。

公孙龙之所以在这里陷入唯心主义，从认识根源上看，这是他不能正确全面地把握一般与个别的辩证关系的结果，也是他形而上学地割裂同一性与差异性的关系，忽视一般与个别之间的同一性而过分地夸大它们之间的差异性的结果。"离坚白"命题的根本错误就在这里。当时，有人问到"坚"与"白"同是这块石头的属性，同时包含在这块石头之中，怎么能说它们分离存在呢？公孙龙却回答说："物白焉不定其所白，物坚焉不定其所坚，不定者兼，恶乎其石也。"就是说，白与坚两者都不是具体事物的白和坚，而是事物普遍具有的东西，因此它们是并不存在于具体事物之中的。也就是说，白不是石头的白，坚也不是石头的坚，它们都是分离着的独自存在物。据此，公孙龙还进一步地论证说："坚未与石为坚而物兼，未与物为坚而坚必坚，其不坚石物而坚，天下未有若坚而坚藏。"照公孙龙的意思，"坚"这个东西，不仅不为石头所固有，而且也不是为任何具体事物所固有，它是自己独立存在的。当然，这样的"坚"在现实世界中是找不到的，因而公孙龙只得说它自己潜藏起来了。辩证唯物主义认为，一般与个别的关系，共性与个性的关系，只能是"个别一定与一般相联系而存在，一般只能在个别中存在，只能通过个别而存在"（《列宁选集》第二卷第713页），"共性即包含于一切个性之中，无个性即无共性"。（《毛泽东选集》

第一卷第 294 页）很明显，公孙龙在这里割裂了个别与一般的关系，否认它们之间的同一性，把一般夸大为可以离开个别而独立存在的东西。这犹如把水果说成是脱离苹果、梨子等具体水果而独立存在的东西一样荒唐可笑。

把公孙龙的"离坚白"思想进一步地系统化、理论化，并上升到哲学高度上来加以概括和阐明的，是他的《指物论》这一著作。《指物论》涉及了一个更根本的问题，即什么是"物"的问题。什么是"物"呢？公孙龙在《指物论》中抛弃了《名实论》中对物的定义，给"物"下了一个新的定义，叫作"物莫非指"。"指"是什么呢？"指"是《指物论》中一个专有的哲学术语。要理解《指物论》的思想，关键就在于弄清"指"这一概念的涵义。历来的注释家对"指"的理解说法不一。有的把"指"解释为手指的指（如司马彪）；有的把"指"解释为以手指物的指（如成玄英）；也有的把"指"作"指定"解，即指而谓之的意思（如王琯），或指而目之之义（如俞樾）；也有的把"指"解释为名词、名称（如金受申、陈柱等），认为"物莫非指"即是指物皆有名称；也有的把"指"理解为"物德"，即事物的性质（如谭戒甫、章炳麟等），认为"吾人五官所感觉之物，如形、色、性等，皆属物德"，所谓"物莫非指"者，即是说物就是这些物德（"指"）而已，并无物之本体。（见谭戒甫《形名发微》）所有这些注释中究竟哪一种符合公孙龙的本义呢？究竟应该从何着手才能弄清"指"这一概念呢？笔者认为不能孤立地考察《指物论》这一篇论文的思想，而应当把它与《坚白论》联系起来加以讨论。只有这样，才能比较容易地解决问题。《坚白论》与《指物论》都是讨论"物"本身的存在问题。公孙龙在《坚白论》中已经提出了"离坚白"的命题，认为坚、白等这些事物的属性都是孤立地存在的，它们并不存在于石头之中，并认为这样的坚、白在现实世界中是见不到的（"天下未有若坚"），它们是自己潜藏起来的（"自藏"），又认为它们都是普遍的存在物，并不是某一具体事物（如石头）的属性（"物白焉不定其所白，物坚焉不定其所坚，不定者兼，恶乎其石也"），如此等等。而《指物论》就是讨论这些普遍存在的事物的属性与事物之间的关系的。那么，究竟何谓"指"呢？"指"即如王琯所说的，是"指而谓之"的意思。《墨经·经说下》说："若智（即知）之，则当指之智告我，则我智之。"《墨经·经说下》又说："所知而弗能指，说在春。"此两句之"指"皆有"指而谓之"之义。因此，"指"即是指称、指谓的意思。要称谓，不仅要用名称，而且要用概念，如称这个石头是白的坚的等，就要用"白""坚"等这些概念。公孙龙在这里的所谓"指"就是指独立于事物之外的共相属性（如白、坚等）这些概念的。因此，章炳麟、谭戒甫等把"指"解释为"物德"，这是有一定道理的。但是，这种德并不是具体事物的德，而是独立于事物之外的共相属性的德。公孙龙认为具体存在着的事物，都是由各自独立存在的共相属性所组成的，如白石就是由白、坚等这些各自独立存在的共相属性所组成的。因此他说"物莫非指"。谭戒甫先生在解释"物莫非指"

时却说:"言吾人五官所感觉之物,如形、色、性等,皆属物德。直而言之,世人所谓物之本体,全然无有,所谓特者不过指之表见而已。"(《形名发微》)这就是说,物无本体仅只有表德而已。同时他又认为"指由感觉而有,世人所谓虚也,故曰天下之所无"(《形名发微》),认为"指"即"物德"是依赖感觉而存在的。谭先生在这里把公孙龙说成是一位感觉论者,这恐怕不符合公孙龙思想的原意。

那么"指"即这些共相属性是怎样存在着的呢?公孙龙认为,"指者,天下之所兼",共相属性("指")是天下事物所共有的。因此,它并不是任何具体事物的属性,它在组成事物之前,在现实世界中是找不着的。所以公孙龙又说:"指也者,天下之所无也。"也正如《坚白论》所说:"天下未有若坚",那么"坚"("指")到哪里去了呢?回答是:"而坚藏。"也就是说,它是自藏着的。只有当它组成万物之后,它才显现出来,成为具体事物的属性,即"物指"。因此"指"所组成的物,就不能再称作"指",而应叫它为"非指"或"物"。那么,"指"又是怎样成为"物"("非指")的呢?公孙龙回答说:"夫指自为非指,奚待与物而乃与为指?"他认为,"指"自己就能组成物,而不需要依赖物才能成为"指"。总之,事物的共相属性、事物的共性,是不依赖于个性,不依赖于具体事物而独自潜在着的,不仅如此,它还组成具体事物。这明显地是一种客观唯心主义的说法。

从整个公孙龙的哲学思想来看,他的哲学具有两重性,一方面坚持了名实关系上的正确思想,坚持了以实定名的唯物主义原则，从而有利于维护新建立起来的封建秩序；但另一方面，他哲学思想的保守性又很大，缺乏当时法家和墨家所具有的重视现实的精神。他的哲学远离现实，专重概念的分析，富有思辨性，虽说猜测到了一些个别与一般的辩证关系，然而又夸大了一般与个别之间的差异，形而上学地否认了它们之间的同一性，从而陷入了诡辩与唯心论的泥坑。公孙龙的这些哲学思想在当时只是反映了地主阶级中一部分既得利益者封建贵族的要求，只是企图维护这一部分人的统治和已经取得的利益，维持战国中期那种封建割据的局面。公孙龙那种所谓事物的属性都是各自分离存在的，"离也者天下，故独而正"的多元的客观唯心论，正是他安于封建割裂状态这一政治要求的反映。

第六节 《庄子·天下篇》所载其他"辩者"的二十一事哲学思想

以上谈了惠施与公孙龙两派的哲学思想，除此之外，《庄子·天下篇》中还记载了"天下之辩者"的二十一事。这二十一事（二十一个命题）所表现的思想到底是哪几位名家的思想呢？这个问题已无法得知。然而，这二十一事的确都是很有意思的命题，其中除有一些诡辩命题以外，还有一些命题包含有很深刻的辩证法思想。本节就对这二十一个命题作一番认真的研究和探讨。

在上文中，我们已经分析了惠施的"合同异"派与公孙龙的"离坚白"派这两派的哲学思想的特点：一个着重于事物的同一性，一个则着重于事物的差异性；一个比较强调综合，一个则比较强调分析。正由于两派思维方法的不同，从而分为名家的两大派。至于这二十一个命题，我们也可以根据它们所反映的不同的思维方法，把它们分别归入"合同异"与"离坚白"这两派之中。属于"合同异"一派的有九个命题，即："卵有毛"；"郢有天下"；"犬可以为羊"；"马有卵"；"丁子有尾"；"山出口"；"龟长于蛇"；"镞矢之疾，而有不行不止之时"；"白狗黑"。所有这些命题都是讲：物之间的相对性与同一性的问题。属于"离坚白"一派的则有十二个命题，它们是："鸡三足"；"火不热"；"轮不碾地"；"目不见"；"指不至，物不绝"（《庄子·天下篇》作"指不至，至不绝"。《列子·仲尼篇》则作"有指不至，有物不尽"。今据《列子》改"至"为"物"）；"矩不方，规不可以为圆"；"凿不围柄"；"飞鸟之景（影）未尝动也"（《列子·仲尼篇》作"有影不移"）；"狗非犬"；"黄马骊牛三"；"孤驹未尝有母"；"一尺之捶，日取其半，万世不竭"。所有这些命题都是用分析的方法，讲事物之间的差异性的。下面就逐一分析这两组命题。

在属于"合同异"派的九个命题中，大部分是诡辩性质的，如："卵有毛""犬可以为羊""马有卵""山出口""丁子有尾""龟长于蛇"。但"郢有天下"和"镞矢之疾，而有不行不止之时"这两个命题，也具有较深刻的辩证法思想。

"卵有毛"。对于这一命题，《荀子·不苟篇》把它归属于惠施、邓析的思想。邓析为春秋时代的人,不可能有这一思想,惠施十事中也没有这一命题,因此断定它为邓析、惠施的思想显然缺乏根据。"卵有毛"究竟是什么意思呢?王先谦《荀子集解》引司马彪的话说:"胎卵之生,必有毛羽,……虽胎卵未生,而毛羽之性已著,故曰:'卵有毛。'""卵有毛"这个命题大概是说,鸡卵可以生出鸡来,而小鸡有毛,因此辩者认为卵也应该有毛。其实,卵与小鸡既有联系又有差别。卵中有产生鸡毛的条件或因素,如司马彪所说的卵有产生毛羽之性,但决不能说卵中已经有毛,卵产生鸡则卵已经发生了质的变化。因此,说卵中已经有了毛是错误的。这一命题虽然看到了卵与鸡之间的联系,却否定了它们之间的质的差别。从而得出了卵与鸡同样有毛的错误结论。

"犬可以为羊"。对于这一命题,成玄英疏:"名无得物之功,物无应名之实,名实不定,可呼犬为羊。郑人谓玉未理者为璞,周人谓鼠未腊者亦曰璞。故形在于物,名在于人也。"物在于彼,而名谓在于我,我可以把犬称作羊。这就是说,名可以因人而异。尽管一个事物的名称是由人定的,但人是社会的人,语言是人们进行社交的工具,事物的名称也是约定俗成的,而绝不是可以随意改变的,否则就只能造成思想上的混乱,人们之间就不能交流思想。所以,犬既然已经被称作犬,就不能再称它为羊,不然的话,犬与羊就无法区分。"犬可以为羊"这是辩者们利用名称的相对性来否定事物质的规定性的一个诡辩论命题。

"犬可以为羊"这一命题,也可能是说犬与羊之间有着统一性，它们都是家畜动物。辩者们以此认为它们既然都是家畜动物，那么犬也可以称为羊。然而，犬与羊虽然同属家畜动物，但并不是同一种，它们之间有着质的不同。"犬可以为羊"这一命题犯了夸大犬与羊之间的同一性，否认了它们之间的质的差异性的错误。

"马有卵"。马是胎生，不是卵生，为什么说"马有卵"呢？成玄英解释说："夫胎卵湿化，人情分别，以道观者未始不同。鸟卵既有毛，兽胎何妨名卵也。"从成氏的解释看，这是从相对主义的立场来看胎卵的结果，辩者们认为，胎卵本无分别，因此本是胎生的马亦可称为有卵。上文已经讲到卵有毛，而马胎亦有毛，何妨不可名它为马有卵呢？这就否认了卵与胎的质的不同，是一种相对主义的诡辩说法。

"山出口"。《荀子·不苟篇》中说："入乎耳，出乎口。"杨倞注说："未详所明之意。或曰：即山出口也。言山有耳口也。凡呼于一山，众山皆应，是山闻人声而应之，故曰：入乎耳，出乎口。""山出口"这一命题的意思大概如杨倞所说，口能出声，人在山中呼叫就有回声，所以说山亦有口。其实回声是声波的反射，并不是山有口能出声。"山出口"是一种无类比附的诡辩。

"丁子有尾"。丁子就是蛤蟆。成玄英说："楚人呼虾蟆为丁子也。"蛤蟆是无尾的，但为什么说"丁子有尾"呢？这大概是说，蛤蟆的前生蝌蚪有长长的像尾巴一样的东西，因此辩者们说丁子有尾。这一命题与卵有毛的命题相似，虽然看到了丁子与蝌蚪之间的联系，但否认了它们在不同发育阶段上的质的差别，所以这个命题同样是错误的诡辩的命题。

"龟长于蛇"。在这一命题中，辩者们看到了长短的相对性的一面，大龟可以长过小蛇，但这是在一定条件下的个别情况，一般地说，龟是短于蛇的。"龟长于蛇"这一命题犯了把特殊现象当作一般规律的错误。对于这一命题，俞樾解释说："此即莫大于秋毫之末而大山为小之意。"总即这是一个相对主义的命题，在相对主义看来，既然无所谓长短，也就可以说龟长于蛇。在这里，俞樾的解释亦可备为一说。

"白狗黑"。这一命题可能是说白狗的眼珠是黑的，所以说"白狗黑"。司马彪所注的"狗之目眇谓之眇狗……然则白狗黑目亦可为黑狗"就是这个意思。很明显，在这里辩者们犯了以偏概全的诡辩错误。

从以上这些诡辩论命题中可以看出，辩者们所运用的思想方法基本上与惠施的"合同异"的思想方法相一致，但是由于他们过分强调事物的统一性，忽视事物的差异性，结果导致相对主义的诡辩论。对于这一古代理论思维的教训，我们应当记取。

至于"郢有天下"和"镞矢之疾，而有不行不止之时"这两个命题，其思想则较为深刻。

"郢有天下"。这一命题与惠施十事中的"我知天下之中央，燕之北，越之南是也"的命题应是一个意思。郢是楚都，在中国的南方，但辩者们认为天下之中央可以为楚都（"郢有天下"），这是因为惠施一派的辩者认为天下是无限的，中央是相对的，燕之北、越之南都可以成为中央，所以楚都郢也可以成为中央。在这里，辩者们看到了中央与边远地区的相对性，中央并不是固定不变的。就这一点来讲，这一命题的思想确实比较深刻，但是，由此也不能得出当时中国的中央是郢的结论。

"镞矢之疾，而有不行不止之时"。这一命题对于运动的认识是很深刻的。行与止本来就是对立的统一，运动本身就是矛盾，既动又不动，是间断性与连续性的统一。惠施一派的辩者看到了运动就是不行（间断性）不止（连续性）这对矛盾的统一体，这是他们对辩证法思想的天才猜测。在古代来说，这种思想是难能可贵的。

在属于"离坚白"一派的十二个命题中，有七个命题是属于唯心主义和诡辩论的命题，如："鸡三足"；"火不热"；"目不见"；"指不至，物不绝"；"狗非犬"；"黄马骊牛三"和"孤驹未尝有母"。其余五个命题则是辩证法的命题，或者说是包含有辩证法思想的命题，如："矩不方，规不可以为圆"；"轮不碾地"；"凿不围柄"；"飞鸟之景未尝动也"；"一尺之捶，日取其半，万世不竭"。下面先分析诡辩论的命题。

"鸡三足"。公孙龙一派辩者认为鸡除了具体的两只足之外，还有一只独立存在的共相概念的足，所以说"鸡三足"。类似这一命题的还有公孙龙的所谓"臧三耳"之说（见《孔丛子·公孙龙篇》），即"臧"这个人除有具体的两只耳以外，也还有一只独立的共相概念的"耳"存在。在这里，不论是"鸡三足"，还是"臧三耳"，都是把一般当作可以脱离个别而存在的东西。其实，一般只能存在于个别之中，绝没有脱离个别而独立存在的一般的东西，犹如离开了桃、梨、苹果之类，也就没有一般的水果的存在一样，所以"鸡三足""臧三耳"这类命题都是唯心主义的命题。

"黄马骊牛三"。这一命题大概是说，黄马是一，骊牛是一，还有一个独立自存的牛马概念的存在也是一，所以说，"黄马骊牛三"。《经典释文》引司马彪注说："牛马以二为三，曰牛、曰马、曰牛马，形之三也。曰黄、曰骊、曰黄骊，色之三也。曰黄马、曰骊牛、曰黄马骊牛，形与色之三也。故曰：一与一为二，二与一为三也。"这就是说，从形体讲，有牛有马为二，还有一个牛马，所以为三；从颜色讲，有黄有骊为二，还有一个黄骊，所以为三，从颜色与形体讲，有黄马有骊牛为二，还有一个黄马骊牛，所以为三。其实，牛马这一概念并不能离开牛与马而独立存在，同样，黄骊与黄马骊牛的概念各自也不能离开黄色与骊色、黄马与骊牛而存在。因此，黄马骊牛只能是二，不能是三。"黄马骊牛三"显然与"鸡三足"一样，也是唯心论和诡辩论的命题。

"目不见"。公孙龙曾经说过："目以火见，而火不见，则火与目不见，而神见，神不见而见离。"（《公孙龙·坚白论》）这是说，见需要用目，但目要依靠光（火）与神的作用才能见，所以说"目不见"。在这里，公孙龙看到了要发挥目的能见作用，必须有光和神的作用等条件，但是他夸大了这些条件而否认了目本身有见的能力，认为见是独立于目之外的潜藏着的一种东西。"目不见"这一命题大概就是公孙龙所说的这个意思,就是认为目与目的功能即见(视觉能力)两者是相离而存在的,目本身没有"见"这一能力。这是与"离坚白"一样性质的命题,是把事物与事物的属性、作用割裂开来的一种唯心主义的诡辩观点。

"火不热"。这个命题与"目不见"的命题类似,意思是说,火与火的性质以及与火的作用即热是相分离的,热不是火的热,而是一种独立存在的东西,所以说"火不热"。"火不热"命题与"目不见"命题一样,同是唯心主义的诡辩命题。

"指不至,物不绝"。这个命题究竟是什么意思呢?要弄清楚它的意思,关键在于对"指"的理解。古人中有的把"指"解释为手指的指(如司马彪),有的把"指"解释为以手指物的指(如成玄英),这些注释恐怕都不符合公孙龙学派的原义。笔者认为,这里的"指"是公孙龙学派的专门哲学术语,是指独立存在的所谓事物的共相属性,在公孙龙学派看来,物就是由这些共相属性的东西组合而成的。这就叫作"物莫非指"(《公孙龙子·指物论》)。"指不至,物不绝",是说"指"即独立存在的共相属性潜藏于现实世界之外,不会自己单独呈现出来,所以说"指不至"。然而,现实世界决不会不存在由它们所组成的物,这就叫作"物不绝"。很明显,"指不至,物不绝"的命题把事物的共相属性当作脱离事物而独立存在的东西,而事物反而是这些独立存在的共相属性派生的。这是一种客观唯心主义的说法。

"狗非犬"。《尔雅》说:"犬未成豪曰狗。"就是说小犬叫狗。"狗非犬"即指小犬非犬。其实，小狗大狗都属于犬，不能把小狗说成不是犬。辩者们在这里割裂了一般与个别的联系，否定了它们之间的同一性，犯了与公孙龙所犯的把"白马"当作"非马"的性质一样的错误。

"孤驹未尝有母"。对于这一命题，《列子·仲尼篇》作"孤犊未尝有母"。驹指马驹，犊指牛犊。命题虽异，道理却不殊。既然称孤，则当然无母。但是，孤驹或孤犊在成孤之前都是有母的，只是在其母死之后才成为孤。所以，称"孤驹（或犊）未尝有母"是错误的，是割裂了事物前后联系相继的结果。

以上分析的是属于唯心论与诡辩论的命题，下面分析包含有辩证法思想的命题。

"一尺之捶，日取其半，万世不竭。"这是一个富有辩证法思想的命题，它猜测到了有限的事物是可以无限分割，事物可以一分为二这样一个深刻的道理。"一尺之捶"（成玄英说："捶，杖也。"）是有限的东西，它却可以无限地分割，所以这一命题还涉及了有限中包含有无限这一辩证法的思想内容。在古代能提出如此深刻的命题，其理论思维的水平的确是很高的。

"飞鸟之景（影）未尝动也。"对于这一命题，毛泽东在《毛泽东选集》第五卷中曾经引用过，并且认为它是一个包含有辩证法思想的命题，这一命题的意思是说，飞鸟的影子是不动的。辩者们对飞鸟的影子进行了点滴的分析，认为前后两个影子是不同的，前影非后影，前面的影子停留在前面，后面的影子停留在后面,所以,前影与后影都是不动的。运动本身确实包含有不动的东西,动中有静,运动就是既动又不动这对矛盾的不断产生和解决,净是动的没有,净是不动的也没有。飞鸟的影子确实有不动的一面,"飞鸟之景未尝动",这是古代哲人对于动中有静这一思想的天才猜测。但是,这一命题本身并不全面,还带有诡辩的色彩,飞鸟之影应当是既动又不动,前影与后影应该是既有区别又有联系,这样才能构成矛盾运动,而不能片面地强调飞鸟的影子不动的一面,忽视它动的一面。这一命题在《墨经》中也有类似的说法。《墨经·经说下》云:"景(影)不徙,说在改为。"意思是说,(飞鸟)影子不动,原因在于前影已经改为后影,即后影已非前影。前影停留在前面,后影停留在后面,所以"景(影)不徙"。在这里,《墨经》的思想与辩者们的思想是一致的。

"轮不碾地"。这是一个诡辩论的命题,但这一命题也包含有辩证法的思想因素。在这里,公孙龙一派的辩者是把轮在平地上的运转,看作为轮通过与地相接触的那个点的运动来进行分析的。运动是物体在同一瞬间既在这个点上(间断性)又不在这个点上(连续性)的矛盾统一。辩者们看到了这一矛盾,但是并没有承认这一矛盾,反而否认了运动的间断性,只承认运动的连续性,因而得出了轮总是不在这个点上的"轮不碾地"的诡辩论结论。

"矩不方,规不可以成圆"和"凿不围柄"这两个命题,都看到了矩与方、规与圆、凿与柄之间的矛盾。

"矩不方,规不可以为园。"就是说,具体的矩总是不能完全符合从方的事物中抽象出来的方的标准的,具体的规也不能完全符合从圆的事物中抽象出来的圆的标准。绝对的方、绝对的圆,在现实世界中是不存在的,只能存在于根据各种具体的方、圆抽象出来的人们头脑里的共相概念中。现实中的具体的方、圆只能无限地接近这种绝对的方与圆。公孙龙学派看到了这一矛盾,所以得出了"矩不方,规不可以为园"的结论。这一结论有它合理的因素,即看到了矩与方、规与圆的矛盾,但它又带有诡辩的因素。应该承认,矩是趋近于方的,规是可以划出接近于圆的图案的,不能简单地得出"矩不方,规不可以为园"的结论。

"凿不围柄"。这里的凿是指孔,柄是指孔中之木。按理说,凿应围柄,但具体的凿与具体的柄总不能完全密合相围。听以,抽象的东西与具体的东西总是有矛盾的。公孙龙一派辩者仅看到了具体的凿与具体的柄总不能完全密合相围这一点,就得出了"凿不围柄"的结论,这也是夸大了它们之间的矛盾,否认了它们之间的同一性的结果。其实,具体的凿与具体的柄总是接近于密合相围的。

从以上分析中可以看出,公孙龙一派的辩者与公孙龙一样,比较强调事物之间的差异性和矛盾性,擅长于分析事物之间的矛盾,从而他们的思想中有不少辩证法思想因素,但是,由于他们过分夸大了事物的差异性,否定了事物之间的同一性,因而得出了一些诡辩论结论。这一理论思维的教训,我们也应该认真吸取。

第七节　名家尹文的思想

《汉书·艺文志》把《尹文子》一篇也列入名家。班固说尹文"说齐宣王，先公孙龙"。颜师古则引刘向说："文与宋鈃俱游稷下。"而今本《尹文子》序中说："尹文子者，盖出于周之尹氏，齐宣王时居稷下，与宋鈃、彭蒙、田骈同学，〔先〕于公孙龙。公孙龙称之，著书一篇。"这一序文的作者署名为山阳仲长氏。这位仲长氏是何人？是否就是东汉的仲长统呢？我们很难断定。此序文中脱一"先"字，下文"公孙龙称之"则证明原文有一先字。所以班固称尹文"说齐宣王，先公孙龙"，这是无疑的。公孙龙为平原君赵胜的食客，平原君曾相赵惠文王。惠文王元年，齐宣王早已去世，故赵惠文王晚于齐宣王。尹文既然能"说齐宣王"，那他就确实先于公孙龙。关于尹文"说齐宣王"的事，《公孙龙子·迹府篇》也有记载。《迹府篇》说，当时公孙龙与孔穿辩论，公孙龙就引用了尹文与齐王（疑即齐宣王）的对话来反驳孔穿。以此看来，尹文也早于公孙龙。

关于尹文与齐王的对话，不仅《迹府篇》有记载，《吕氏春秋·先识览·正名》亦有相同的记载。不过在这里，齐王只明确为齐湣王。尹文与齐王的一席对话，主要讨论了什么样的人是"士"的问题。尹文揭露了齐王在运用"士"这一概念上的前后矛盾，从而折服了齐王。由此可见，尹文也是一位很有辩才的人。（见《公孙龙子·迹府篇》）

关于尹文的思想，《庄子·天下篇》有这样一段比较详细的记载："不累于俗，不饰于物，不苟于人，不忮于众，愿天下之安宁，以活民命，人我之养，毕足而止，以此白心。古之道术有在于是者，宋钘、尹文闻其风而悦之。作为华山之冠以自表；接万物以别宥为始；语心之容，命之曰：'心之行。'以聏（和也）合驩，以调海内；情欲寡之（原作'请欲置之'，今据唐钺说改）以为主。见侮不辱，救民之斗，禁攻寝兵，救世之战。以此周行天下，上说下教，……虽然其为人太多，其自为太少，曰：'情欲固寡（原作请欲固置，今据唐钺说改）。'五升之饭足矣，先生恐不得饱，弟子虽饥，不忘天下。……不以身假物，以为无益于天下者，明之不如已也。以禁攻寝兵为外，以情欲寡浅为内。……"

《庄子·天下篇》在这里是把宋钘与尹文的思想放在一起来谈的。《荀子·非十二子》中讲到宋钘思想时说："不知一天下，建国家之权衡，上功用，大俭约，而慢差等，不足以容辩异，悬君臣。然而持之有故，其言之成理，足以欺惑愚众，是墨翟、宋钘也。"以上两段文字的意思比较接近，说明尹文与宋钘的思想基本上是一致的。把这两段文字的内容归纳起来有这样几点：

（一）崇尚俭约。（"五升之饭足矣"）

（二）禁攻寝兵。（"禁攻寝兵，救世之战"）

（三）慢差等。（"作华山之冠以自表"。即均平主义）

（四）兼爱天下。（愿天下之安宁，以活民命，"弟子虽饥，不忘天下"）

（五）情欲固寡。（"情欲固寡，五升之饭足矣"）

（六）接万物以别宥为始。

在以上六点中，"崇尚俭约""禁攻寝兵""慢差等""兼爱天下""情欲固寡"等都好理解，只有"接万物以别宥为始"不好理解。什么叫"接万物以别宥为始"呢？关于"别宥"两字，《吕氏春秋·先识览·去宥》说："夫人有所宥者，固以昼为昏，以白为黑，以尧为桀，宥之为败亦大矣。亡国之主其天矣。"这里的"宥"作"囿"字解，即指有所局限，知识不广。为了得到全面的正确的知识，必须去掉这些局限。所以这里的"别宥"则作"去宥"解。"接万物，以别宥为始"，意思是说，考察万物，必须首先去掉自己知识的局限性，才能正确地认识事物，然而唐人成玄英解释说："宥，区域也。始，本也。置立名教，应接人间，而区别万有，用斯为本也。"是"别宥"之义含有正名分区分万物的意思。按照成玄英的解释，尹文似乎讨论过名实关系的问题，《汉书·艺文志》把尹文列入名家之列，或当由此。

至于现存的《尹文子》一书，是一部伪书，不能把它所表达的内容都看作是尹文的思想。它与《庄子·天下篇》所记载的尹文的思想有着很大的出入。虽说现存的《尹文子》比较多地阐述了"名以检形，形以定名"的形名学说，但从整个文章看，受道家思想的影响比较大，与黄老学说相仿佛，书中认为最好是用老子的无为之道来治理社会，说什么"大道治者，则名法儒墨自废"；并且认为"是道治者，谓之善人，藉名法儒墨治者，谓之不善人"，它明确表示名家不如道家。由此可见，它尊道不尊名。同时书中还大量地吸取了法家的法、术、势的思想。现存的《尹文子》一书很可能是汉魏之际老学盛行之时的一部假托尹文的伪书，是当时真的《尹文子》一书已经佚失的缘故。但是书中似乎也保存了一些尹文的思想，如书中说："君不可与臣业，臣不可侵君事，上下不相侵与，谓之名正。名正而法顺也。接万物使分，别海内使不杂；见侮不辱，见推不矜；禁暴息兵，救世之斗；此人君之德，可以为主矣。"这就与《庄子·天下篇》所记载的尹文的"见侮不辱，救民之斗；禁攻寝兵，救世之战""接万物以别宥为始"等思想颇相近。如书中又说："世之所贵，同而贵之，谓之俗；世之所用，同而用之，谓之物。苟违于人，俗所不与；苟忮于众，俗所共去。故心皆殊，而为行若一；所好各异，而资用必同。此俗之所齐，物之所饰，故所齐不可不慎，所饰不可不择。……累于俗，饰于物者，不可与为治矣。"

这些思想与《庄子·天下篇》所记载的"不累于俗，不饰于物，不苟于人，不忮于众"的尹文的思想也颇相一致。但《庄子·天下篇》讲到的尹文的"尚俭约""慢差等""活民命"等思想，在现存的《尹文子》一书中是很难找到的。当然，现存的《尹文子》一书毕竟还是讲到了"为人君者，不可弗与民同劳逸焉"，要求君主"平赋敛""省（民）疾痛""赏罚不滥"等思想。但是，现存《尹文子》一书中有些思想与《庄子·天下篇》所记载的尹文的思想是相反对的。如《庄子·天下篇》认为尹文"为人太多，其自为太少"，而现存《尹文子》书中却认为"人皆自为，而不能为人"。又如《庄子·天下篇》认为尹文主张"情欲固寡",而现存《尹文子》则认为"心欲人人有之",只是由于"分明,故无所措其欲",并不是什么"情欲固寡"。

现今学术界许多人把《管子》中的《内业》《白心》《心术》诸篇的思想,即所谓"稷下黄老学"的思想也说成是宋钘、尹文的思想。其实,"稷下黄老学"与宋钘、尹文的思想并不相同,虽说他们之间有某些相似之处,如:宋、尹讲"情欲寡浅""情欲固寡",稷下黄老学则讲"节欲之道,万物不害"。但是,节欲并不等于情欲寡浅,所以节欲并不就是"情欲固寡"。再如:宋、尹讲"接万物以别宥为始",稷下黄老学则讲"以其形,因为之名",但宋、尹并不讲稷下黄老学的"静因之道"与"虚静无为"。至于宋、尹的见侮不辱、禁攻寝兵、慢差等、上俭约等思想,在稷下黄老学的思想中是全然没有的。所以,我们认为把《管子》中的《内业》《白心》《心术》等篇所表现的思想说成是宋钘、尹文的思想是缺乏根据的。从宋、尹"上俭约""慢差等""忧天下之民命""禁攻寝兵"等思想来看,他们的思想与公孙龙的思想仿佛,颇受墨家思想的影响。这也许是当时名家的一个共同的特点。

第八节　战国时期名家与墨、道、阴阳、儒、法诸家之间的论辩

名家在战国中期是一个非常活跃的学派,在战国中、后

期曾经以名家学派的思想为中心,兴起了一股名辩热潮。由于擅长论辩,名家当时被人们称之为"辩者之徒"。名家学派自产生起,曾先后与后期墨家、道家、阴阳家、儒家等学派展开论辩。到战国后期,它还受到儒家(荀况)与法家(韩非)的抨击。从哲学上的两条路线斗争来看,当时的名家所受到的批评不外乎左右两个方面,即来自右的唯心主义方面的攻击,和来自左的唯物主义方面的批评。唯心主义对它的攻击,以道家的庄周为代表;唯物主义对它的批评,以后期墨家、儒家荀况和法家韩非等为代表。下面我们分别地研究一下名家与唯心主义学派和唯物主义学派论辩的情况。

一、名墨之争

在上文中,已经讲到名家与墨家思想的一致性,名家学派深受墨家思想的影响,名家与墨家确实有着一定的亲缘关系。但是,名家又不同于墨家,两者之间有着深刻的思想分歧。归结起来,名家与墨家的思想分歧主要表现在对以下几个重要问题的争论上。

(一)"坚白相盈"与"坚白相外"之争

名家公孙龙主张"离坚白",认为"坚白不相盈"。以石头为例,名家认为石头的坚质与白色都是各自独立存在的,不是互相包涵在一起的。对此,公孙龙论证说:"视不得其所坚而得其所白者,无坚也。拊不得其所白而得其所坚也,无白也。"(《坚白论》)他得出结论说:"得其白,得其坚,见与不见谓之离;不见离,一二不相盈,故离。"(《坚白论》)

所以说"白"与"坚"相互分离，互不包涵，各自独立存在。不仅坚质与白色互不相盈，而且坚质与石头也不相盈，石头的坚质独立于石头之外，它"不坚石物而坚"。这样，公孙龙就陷入了承认离开物质而有物质属性独立存在的客观唯心论的泥坑。名家的这些理论当时被称作"坚白相外"说。后期墨家针对公孙龙这一唯心主义思想，提出了"坚白不相外"，"坚白相盈"的命题。后期墨家学派首先对"盈"字作了解释。什么叫"盈"呢？他们认为："盈，莫不有也。"（《墨经·经说上》）"盈"是指二者相依、共同存在，有此即有彼，有彼即有此。在此基础上，后墨学派提出了"坚白不相外"的思想，认为石头的坚质与石头的白色是相互包涵的，并且认为它们都是石头的属性，"于石，一也。坚白二也，而在石"（《墨经·经说下》）、"于石（"石"字原作尺字，今据高亨说改）无所往而不得二"（《墨经·经说下》）。因此，坚白相盈，共存于石头之中，各自不得"异处"，如果"异处"，则不相盈，"坚白相盈"，则"不相外"。"坚白相盈"与"坚白相外"的辩论，实质上是坚持唯物论还是坚持唯心论之争。后期墨家坚持"坚白相盈"的观点是正确的，坚持了唯物主义；而公孙龙的"坚白相外"的主张，则属于唯心主义。

（二）"白马，马也"与"白马非马"之争

公孙龙提出了"白马非马"的命题，后期墨家则批判了公孙龙的这一命题，坚持了"白马"，马也的观点，后期墨家从形式逻辑的概念的类属关系出发，认为白马属于马这一类。他们说:"白马,马也;乘白马,乘马也。"(《小取》)后期墨家的这一命题自然是正确的。公孙龙的"白马非马"的命题,是违背常识和普通逻辑的,是错误的。据汉人桓谭的《新论》记载。当时公孙龙坚持自己的错误命题,还闹出了这样一段笑话:"公孙龙常争论曰:白马非马。人不能屈。后乘白马,无符传,欲出关,关吏不听。此虚言难以夺实也。"公孙龙的思想显然违背事实,所以关吏们都不相信他的这套辩说。但是,后期墨家"白马,马也"的正确命题,从某种意义上说远不如公孙龙"白马非马"的错误命题所反映的思想那么深刻,公孙龙在这里看到了一般(马)与特殊(白马)之间的差异,猜测到了一般与特殊之间的辩证法思想,而后期墨家则只是从形式逻辑出发来看问题。就这一点来说,公孙龙又胜后期墨家一筹。

(三)"日中,正南也"与"日方中方睨"之争

名家惠施曾经提出了"日方中方睨"的命题,后期墨家则提出了"日中,正南也"的命题。显然,这两个命题是对立的。然而又都是正确的,这是为什么呢?"日中,正南也",意思是说,日正中,它没有西斜,所以说它"正南"。这是一种符合常识的见解,如今我们也还是这样讲的,但严格地说它并不是一个科学的结论。"日方中方睨"这一命题,乍看起来是一个违背常识的诡辩命题,然而它更富有科学性。"日方中方睨"这是一个矛盾,而这个矛盾正是日之运动本身的矛盾。正如恩格斯所说:"运动本身是矛盾,甚至简单的机械的位移之所以能够实现,也只是因为物体在同一个瞬间

既在一个地方又在另一个地方，既在同一个地方又不在同一个地方。这种矛盾的连续产生和同时解决正好就是运动。"①"日方中方睨"是惠施对于"运动本身就是矛盾"这个辩证法的天才的猜测。因此，惠施的"日方中方睨"的命题较之后期墨家的"日中，正南也"的命题来说，其思想内容要深刻得多，科学得多。

（四）"非半弗䵝（䵝即斫也），则不动，说在端与一尺之捶，日取其半，万世不竭"之争

依"辩者之徒"看来，一尺之捶（捶即杖也）是可以永远无尽地分割下去的，即总是可以一分为二的。而后期墨家却认为分割到端（即点）的时候就不能再分割了，即决不可以永远一分为二。这又是一对对立的思想，何谓"非半弗䵝"呢？"非半弗䵝"就是指不能再一分为二，因为它已经是一个端点了（"说在端"）。对于后期墨家的这一命题，《墨经·经说下》解释说："䵝半，进前取也。前则中无为半，犹端也。前后取，则端中也。䵝必半，母与非半，不可䵝也。"邓高镜对此段文字作的注解说："自中䵝取，谓之䵝半。如是进前䵝之不已，无复前后可分，则中无半可得，此时犹端耳。如有前后可取，其端常在中，故必䵝以半。若其无半，与非半，俱不可䵝也。"意思是说，分到端点的时候，已经不可能再取一半，即不能再分了，只有能取一半的时候才能再分。所以说，"非半弗䵝，说在端"。在这里，后期墨家讲的是抽象的

---

① 《马克思恩格斯选集》第2卷，人民出版社1972年版，第160页。

数学上的点的概念，这样的点已经没有长度，不可再分。而"辩者之徒"的"一尺之捶，日取其半，万世不竭"的命题，则认为事物是可以无限分割的，任何事物总是可以一分为二的，"辩者之徒"的这一命题是对辩证法思想的天才猜测。就这一点来说，它比后期墨家的命题要深刻得多。

以上只是介绍了名墨两家在几个主要命题上的争论，此外还有在如"火热"与"火不热"，"狗，犬也"与"狗，非犬"等命题上的论辩尚且不少，我们不一一列举了。

总之，对于名墨之争，除了应该看到后期墨家的唯物论反对名家的唯心论和诡辩论的性质外，也应看到名家学派中大大超过了后期墨家拘泥于常识的结论的一些辩证法思想（当然后期墨家思想中也有不少辩证法思想）。因此，对于名墨之争决不能采取简单化的做法，究竟谁是谁非的问题应作具体分析。

二、名道之争

名道之争，主要是指名家与道家庄周学派之间的论辩。道家庄周学派当时站在唯心主义和相对主义诡辩论的立场上展开了对名家的批判。他们认为名家思想中的诡辩思想不如他们彻底，诡辩得还不够，应该像他们那样同死生、齐是非才好。他们攻击惠施说："由天地之道观惠施之能，其犹一蚉一虻之劳者也。"又说：惠施"散于万物而不厌"，"逐万物而不反"，是"穷响以声，形与影竞走"，"其与物也何庸"。（《庄子·天下篇》）他们嘲笑公孙龙为陷井之蛙，"用管窥天""用锥指地",不识天地之大。(见《庄子·秋水篇》)庄周学派完全从相对主义诡辩论出发,认为天下万物都是相对的,无所谓可,无所谓不可,所以他们反对明辨是非。在他们看来,是就是非,非就是是,没有辩论是非的必要。他们批评公孙龙说:"以指喻指之非指,不若以非指喻指之非指也。以马喻马之非马,不若以非马喻马之非马也。"(《庄子·齐物论》)这意思是说,用"指"即事物属性的共相概念来说明"指"不是"指",不如用不是"指"的东西来说明"指"本来就不是"指"。用马来说明马不是马,不如用不是马的东西来说明马不是马。他们的结论是:"天地,一指也,万物,一马也。"(《庄子·齐物论》)天地就是一"指"(一个共相属性),万物就是一马。一切都是相对的,万物就是一马,一马就是万物,无所谓生与死,无所谓是与非,因此最好是无所辩论,"和同是非"。他们说:"何谓和之以天倪?曰:'是不是,然不然。'是若果是也,则是之异乎不是也亦无辩;然若果然也,则然之异乎不然也亦无辩。化声之相待,若其不相待。和之以天倪,因之曼衍,所以穷年也。忘年忘义,振于无竟,故寓诸无竟。"(《庄子·齐物论》)"天倪"是何?天指自然,倪指分别。所谓"和之以天倪",就是要把自然之分涯和同起来,是就是不是,然就是不然,是与不是无辩,然与不然亦无辩。这就是说要人们达到所谓"不谴是非,以与世俗处",做到忘年忘义,一切都忘却了的"坐忘"境地为最好。庄周学派的这种思想是没落阶级散发出来的消极厌世、没落颓废的思想情绪的反映,与名家所主张的明辨是非,"以正名实而化天下"的积极的政治态度是不可同日而语的。庄周他们反对正名实,反对用智慧来治理天下,他们说:"德荡乎名,知出乎争。名也者,相札也。知也者,争之器也。二者凶器,非所以尽行也。"(《庄子·人间世》)这就是说,名伤德、知出净,名与知都是罪恶之源,应该把它们都抛弃掉。

当然,庄周学派在攻击名家时,对个别问题的分析也是正确的。例如他们批评惠施的"今日适越而昔至"的错误命题就是一例。庄子正确地指出:"未成乎心而有是非,是今日适越而昔至也,是以无有为有。无有为有,虽有神禹,且不能知,吾独且奈何哉!"(《庄子·齐物论》)"未成乎心",即心中尚没有个是非标准,当然也就不可能产生是非。如果未成乎心,而先有是非,这就是"以无有为有"。而"今日适越而昔至"就像"以无有为有"一样,是不可能的事情。也就是说,时间是有先后的,决不能把时间的先后顺序颠倒过来。在这里,庄子讲的道理是对的,不过在这一具体问题上他违背了自己的相对主义立场。因为在相对主义看来,时间无所谓先后,今即昔,昔亦今。

三、名家与阴阳家之争

《史记·平原君列传》记载说:"平原君厚待公孙龙。公孙龙善为坚白之辩,及邹衍过赵言至道,乃绌公孙龙。"关于阴阳家邹衍与名家公孙龙辩论的事,《史记集解》引刘向《别录》也说:"齐使邹衍过赵,平原君见公孙龙及其徒綦母子之属,论'白马非马'之辩,以问邹子。邹子曰:'不可。彼天下之辩有五胜三至,而辞正为下。辩者,别殊类使不相害,序异端使不相乱,抒意通指,明其所谓,使人与知焉,不务相违也。故胜者不失其所守,不胜者得其所求。若是,故辩可为也。及至烦文以相假,饰辞以相悖,巧譬以相移,引人声使不得及其意,如此,害大道。夫缴纷争言而竞后息,不能无害君子。'坐皆称善。"邹衍在这里所言的至道,所论的五胜三至,其具体内容究竟是什么?我们现在已不得而知。但从刘向《别录》的记载来看,似乎邹衍并没有从正面与公孙龙的"坚白论""白马论"交锋,只是阐述了辩论本身的道理。所谓"五胜三至"之说,也是讲的辩论之理。邹衍认为:辩论的目的,在于"别殊类使不相害,序异端使不相乱,抒意通指,明其所谓,使人与知",而不是在于要把人思想搞乱("不务相违也")。至于那些烦文、饰辞、巧譬之类,只能使人"不得及其意",完全是有损于大道的。所以说:"五胜三至,而辞正为下。"辩论在于辩理,辩明是非,不在于玩弄那些名词概念。邹衍的这一番关于辩论的论说,与后期墨家所说的"辩者,将以明是非之分,审治乱之纪,明同异之处,察名实之理,处利害决嫌疑"的思想很相似。这当然是辩论的正理,但公孙龙的诡辩是违背这些辩论原则的,是理亏的,所以他只得受"绌"了。

四、名儒之争

据《公孙龙子·迹府篇》记载,名家公孙龙与儒家孔穿曾相会于平原君家,进行过一次关于"白马非马"的论辩。关于这一辩论,《孔丛子》一书也有与《公孙龙子·迹府篇》相类似的记载。孔穿,《孔丛子》称他为孔子高,孔子后裔,修儒业。他不同意公孙龙的"白马非马"之说,要求公孙龙"去白马非马之学",则愿"请为弟子"。但从《公孙龙子·迹府篇》与《孔丛子·公孙龙篇》两文来看,公孙龙与孔穿辩论之后,并没有放弃自己的观点,孔穿也未能成为公孙龙的弟子,然而,《列子·仲尼篇》张湛注说:"孔穿,孔子之孙。世纪云,为龙弟子。"《庄子·秋水篇》成玄英疏亦云:"(公孙龙)生于衰周,一时独步。弟子孔穿之徒,祖而师之,擅名当世,莫能争者。"这样的说法不知依据何在。按照《公孙龙子·迹府篇》记载的当时孔穿用来反驳公孙龙的理论是:"凡言人者,总谓人也。亦犹言马者,总为马也。""睹之得见其白,察之则知其马。色以名别,内由外显,谓之白马,名实当矣。"就是说,马,不论黑马,黄马,总归是马,"睹之得见其白,察之则知其马",所以白马也是马。这种辩解虽然合乎常识,但是极其肤浅,因而说服不了公孙龙。

据《孔丛子》记载,孔穿与公孙龙除了辩论过"白马非马"这一命题外,还辩论过"臧三耳"一事。《吕氏春秋·淫辞篇》也有这样的说法,但该书把"臧三耳"说成为"藏三牙",与《孔丛子》所记载的稍有出入。这里的牙很可能是耳字之误,"藏"疑即为"臧",指某一个奴隶的名字。"臧三耳"是说"臧"这个人有三只耳朵,"臧三耳"这一命题与《庄子·天下篇》所记载的"鸡三足"的命题颇相似。

为什么说臧有三耳呢？这大概是认为一个人除了有实际的右耳、左耳两只耳朵外，还有一只抽象概念（共相）的耳存在，所以说："臧三耳。"显然，这是公孙龙把一般与个别加以割裂，认为一般可以脱离个别而独立存在的一种客观唯心论的说法。孔穿则反对此说，认为"臧三耳"这一命题要成立是十分困难的，只有臧两耳才是正确的。因此，平原君对公孙龙说："今（公孙龙）无复与孔子高辩事也。其人理胜于辞，公辞胜于理。辞胜于理，终必受绌。"（《孔丛子·公孙龙篇》）然而，公孙龙最后是否"受绌"了呢？《孔丛子》并未记载。

儒家学派中真正能从理论上批驳名家的唯心论与诡辩论的人，是战国后期的儒学大师荀况。荀况尖锐地指出，名家诡辩思想的错误在于"析辞擅作名，以乱正名"，是"好治怪说"，"而玩奇辞"，走上了一条脱离实际，搞概念名词游戏的道路。荀况在批评惠施与邓析时指出："君子行不贵苟难，说不贵苟察，名不贵苟传，唯其当之为贵。山渊平、天地比、齐秦袭、人乎耳、出乎口、鉤有须、卵有毛，是说之难持者也，而惠施、邓析能之。"（《荀子·不苟》）这里所谓的"山渊平、天地比"，就是《庄子·天下篇》中所说的"天与地卑、山与泽平"。"齐秦袭"，说的是东方的齐国和西方的秦国可以合在一起。"人乎耳，出乎口"，疑当为山有耳、口，能听能说。"鉤（疑作"驹"）有须，卵有毛"，或就是《庄子·天下篇》中所说的"丁子有尾，卵有毛"一类的问题。对于这些诡辩命题，荀况认为它们都是与事实不相符的，都是蔽于辞而不知实的结果。荀况的这一批评是中肯的。同时他还批评惠施与邓析说："不法先王，不是礼义，而好治怪说，玩奇辞，甚察而不惠（惠疑约为急，指急用），辩而无用，多事而寡功，不可以治纲纪，然而其持之有故，其言之成理，是以欺惑愚众，是惠施、邓析也。"（《荀子·非十二子》）荀况在这里是站在维护地主阶级的功利主义和等级制度的立场来批判惠施、邓析的，认为他们"不法先王、不是礼义、辩而无用"，不能"治纲纪"，是有碍于巩固封建统治的。要巩固地主阶级的统治，就需要有礼义制度。邓析、惠施不讲礼义，是不符合地主阶级的长远利益的。惠施他们提出的一些诡辩命题，对于巩固新兴地主阶级的政权和封建秩序，确实曾起过消极作用。因此他们不能不受到新兴地主阶级理论家荀况的批判。

  荀况对于公孙龙学派的诡辩思想也进行了批评。他在抨击公孙龙的思想时说："坚白同异之分隔也，是聪耳之所不能听也，明目之所不能见也，辩士之所不能言也。虽有圣人之知，未能偻（偻，疾也）知，不知无害为君子，知之无损为小人。工匠不知无害为巧，君子不知无害为治。王公好之，则乱法；百姓好之，则乱事。"（《荀子·儒效》）荀况认为，割裂坚与白、同与异的辩论有害无益，必须放弃这种辩论。荀况还针对当时"名实乱，是非之形不明"的情况，提出了唯物主义的正名学说。他主张"制名以指实""稽实定数"，即以实定名的思想，同时，他还提出了概念分类的学说，考察了共名与别名的关系，即概念之间的类属关系。他说："故万物虽众，有时而欲遍举之，故谓之物。物也者，大共名也。推而共之，共则有共，至于无共然后止。有时而欲偏举之，故谓之鸟兽，鸟兽也者，大别名也。推而别之，别则有别，至于无别然后止。"（《荀子·正名》）这就是说，事物是可以分类的，有大类有小类，因此概念（"名"）也就有共名与别名，即类概念与种概念的区别。小类与大类有类属关系，概念则也应有类属关系。譬如：白马与马的关系就是类属关系，白马应是马这一大类中的一小类。因此白马非马的命题是错误的。公孙龙正是由于不懂得共名与别名的类属关系，所以虽说主张以实定名、名必符实的原则为出发点，但结果得出了"白马非马"的诡辩结论。这样，荀况就从正名理论（逻辑学）上纠正了公孙龙的思维错误。

五、名法之争

名家与法家的关系是比较复杂的。一方面，有很多法家人物研究过"刑名"之学，与名家有相通之处；另一方面，法家又猛烈地攻击名家的诡辩思想。它们之间既有联系又存在着尖锐的对立。

差不多重要的法家人物都研究过刑名之学，如：商鞅"少好刑名之学"，申不害"本于黄老，而主刑名"，韩非"喜刑名法术之学"。当然，法家讲的"刑名"与名家讲的"形名"并不完全是一回事。法家讲的刑名学主要是指以功过定赏罚的所谓"赏罚必信"的问题。如韩非说："人主将欲禁奸，则审合刑名者，言异（应作与）事也。为人臣者陈而言，君以其言授之事，专以其事责其功。功当其事，事当其言，则赏；功不当其事，事不当其言，则罚。"（《韩非子·二柄》）这里就是讲"审合刑名"，赏罚相当。同时，法家还主张选拔官吏要做到"量能授官"和"循名责实"，即要按照人的能力的大小，授予一定的官职，按照官职的名称，分管他的工作。这里就有一个名实相符的问题。所以法家非常重视"审合名实"和"刑名参同"的刑名之学。名家的形名之学则主要是从理论上讨论名实这一对概念之间的关系问题，与法家讨论的刑名之学有所不同。但法家讲的刑名，实质上也是个名实理论问题。因此，法、名两家又是相通的。不过公孙龙的形名之学最后得出了"白马非马"的诡辩结论，欲正名实反而弄乱了名实问题。法家的刑名之学则是为了贯彻自己"赏罚必信"的法治思想。所以名家受到法家的批判和攻击，这是必然的。

猛烈抨击名家的法家人物，是战国末年集法家思想之大成的韩非。他批评名家说："人主之听言也，不以功用为的，则说者多'棘刺''白马'之说。"（《韩非子·外储说左上》）又批评说："今听言观行，不以功用为之的彀，言虽至察，行虽至坚，则妄发之说也。是以乱世之听言也，以难知为察，以博文为辩；其观行也，以离群为贤，以犯上为抗。……是以儒服带剑者众，而耕战之士寡；坚白无厚之辞章，而宪令之法息。"（《韩非子·问辩》）这里说的"棘刺"，是指当时宋国的一位骗子用"棘刺之端为母猴"欺骗燕王的事。最初燕王相信了这位骗子。这一骗子的骗术后来被燕王手下的右御和冶工揭穿，骗子也被燕王杀死。冶工当时对此评论说："计无度量，言谈之士多棘刺之说也。"（《韩非子·外储说左上》）用棘刺的锋芒做成母猴，自然是不可能的事，骗子却可用这种不可能的事来欺骗燕王，这是怎样回事呢？依韩非看来这就是"计无度量"和"人主之听言也，不以功用为的"的结果。至于白马非马之说亦是如此，有些人之所以相信这一说法，是因为不从实际效果上来考虑问题所造成的，所以韩非接着批评兒说说："兒说，宋人，善辩者也。持白马非马也，服齐稷下之辩者，乘白马而过关，则顾白马之赋。故藉之虚辞，则能胜一国，考实按形不能谩于一人。"（《韩非子·外储说左上》）兒说的白马非马说确实是"虚辞"，不符合实际，骑白马过关同样要缴马税。事实胜于雄辩，"考实按形"，从实际出发，白马非马之说就欺骗不了人。

在韩非看来，公孙龙的"坚白"之辩与惠施的"无厚"之说，也是无益于实际功用的，并且是有碍于法治的。"坚白无厚之辞章，而宪令之法息。"很明显，韩非在这里完全是站在地主阶级的功利主义的立场和从维护封建法治出发来批评名家的。法家主张讲实利、讲法治、讲耕战，反对脱离实际功利的辩说，因此，把名家的"白马非马""离坚白""无厚不可积，其大千里"等命题一概斥之为无益之谈。

总的来说，法家韩非对名家的批评，与其老师儒家大师荀况一样，基本上是正确的，是从唯物主义立场出发的。但是，他们也与后期墨家相似，并没有真正全面地认识名家，对名家学说中一些合理的辩证法思想没有引起应有的重视，而把它与名家中的诡辩思想一起抛弃了。因此，韩非、荀况等人对名家的批评是不全面的。我们应当用一分为二的观点来分析名家，剔除其糟粕，批判地吸取其精华，这才是科学的态度。

第九节　魏晋时期名家的复兴

自战国末期起，社会思想日趋统一；秦统一六国以后，以韩非为代表的法家思想成为统治思想，从而结束了先秦百家争鸣的局面。兴盛于战国中期的名家学派，也随着时代的变迁而销声匿迹了。汉代初期盛行起来的是黄老之学。到董仲舒提倡"罢黜百家，独尊儒术"之后，儒家思想占了统治地位，儒家哲学成为封建统治阶级的官方哲学。这时过时的名家学说已经很少有人过问，至多只是作为历史的材料，为个别的学者所谈及，例如桓谭就是其中的一个。桓谭是汉代的一位著名的学者，他博学多通，遍习五经，对公孙龙的《白马论》思想亦有研究。根据《太平御览》卷四百三十四《人事部》的记载，当时桓谭曾经论述过公孙龙的思想，他说："公孙龙，六国辩士也，为坚白之论，假物取譬，谓白马非马。非马者，言白所以名色，马所以名行（应作"形"）也，色非形，形非色。"但是，桓谭并不是名家，而是儒家，他并不赞成公孙龙的白马非马之说，因此曾批评公孙龙说："公孙龙常论曰白马非马，人不能屈，后乘白马，无符传，欲出关,关吏不听。此虚言难以夺实也。"(《白帖》卷九引桓谭语)白马非马是"虚妄之言",不符合实际,桓谭的批评是正确的。所以王充在评论桓谭时说:"(桓谭)作《新论》,论世间事,辩照然否,虚妄之言,伪饰之辞,莫不正定。"(《论衡·超奇》)

只是到魏晋时期,名家思想才得到一定的复苏机会。

魏晋时代,社会动荡不安,思想界也比较"自由"活跃。自东汉末年黄巾大起义之后,建立起来的魏晋两朝打破了两汉僵死的沉闷的经学一统天下的局面,给思想界带来了一定程度的生机,使许多沉睡了好几百年的学派与思想,又相继活跃起来。名家学派就是其中之一。

在汉代官方儒学被凌迟的基础上,学术界里首先兴起的是名家与法家的学说。在镇压东汉末年的农民大起义的基础上建立起来的曹魏政权,多少反映了地主阶级中、下层的利益,为了实现统一中国的愿望,曾经一度在政治上推行刑名法治,"魏武初霸,术兼名法"(《文心雕龙·论说篇》),采取了打击与抑制豪强地主的政策。由于曹操等人推行刑名法治,所以当时先秦诸子学说中首先得到重视的是名、法两家。正如《晋书》所说:"近者魏武好法术,而天下贵刑名。"(《晋书·傅玄传》)

为什么名家与法家同时得到重视呢?名家与法家本来是两个不同的学派,但是正如本书前面所讲到的,这两个学派在先秦时就已经有相通之处。公孙龙的著作《名实论》,就专门讨论名实关系问题。主张"正名实以化天下",认为

"名者，实谓也"，名是实的称谓，名应当符合实。公孙龙的这种名实理论与法家的刑名学说是相通的，法家崇尚法治，主张"赏罚必信""赏必当功，罚必当罪"，赏功罚罪名实必须相副。同时法家又主张考察官吏要用"术"（"术者，因任而授官。循名而责实，操杀生之柄，课群臣之能者也"《韩非子·定法》）。"术"就是按照一个人的能力的大小授予一定的官职，按照官职的名称来要求他的工作。这里也有一个名实相副的问题。所以，汉末魏初曹操等人推行刑名法治，"术兼名法"，使先秦名家与法家的学说都得到学术界的重视，是很自然的。

名家学派自汉末魏初得到兴起之后，在整个魏晋时期大致经过了前后两个发展阶段。前期即汉末魏初时期的名家，主要是为曹操等人推行刑名法治服务，讨论的主要是名实关系问题，具有积极进取的意义；后期即进入两晋时期的名家，则由名实关系问题的研究转入了先秦名家中诡辩思想的讨论，名家也就失去了政治上的进步意义，成为当时门阀士子们手中玩弄的工具。下面我们就分别讨论这两个时期的名家学说。

一、汉末魏初的名家学说

汉魏之际讨论名实关系问题的名家很多，其中主要以徐干为代表，他著有《中论》一书。尔后的刘邵也讨论过名实问题，他所著的《人物志》一书被《隋书·经籍志》列入名家。被《隋书》列入名家的还有魏文帝所撰的《士操》一卷。此外，"傅嘏、王粲校练名理"（《文心雕龙·论说篇》），乃至"以校练为家"的钟会著的《道论》一书,《魏志》也称它们"实刑名家也",等等。至于它们是否都是研究名实问题,由于史料缺乏,已不得而知。根据现有的史料,在这里我们只能着重研究一下徐干与刘邵的名家思想。

徐干,字伟长,汉末人。史书称:"干清玄体道,六行修备,聪识洽闻,操则成文,轻官忽禄,不耽世荣。"(《三国志·魏志·王粲传》注引)由此看来,徐干是一位很有学识而不图虚荣的人,当时正值汉灵帝之末世,"国典隳废,冠族子弟结党权门,交援求名,竞相尚爵号。"(徐干:《中论·序》)徐干不愿与世俗合污,"病俗迷昏,遂闭户自守,不与之群,以六籍娱心而已。"(《中论·序》)后跟随曹操"从戎征行,历载五、六",成为曹操手下的一位重要人物。徐干在政治上极力拥护曹操,菲薄当时的豪族士子追求虚名的恶劣作风。自东汉末年开始,地主阶级知识分子中出现了一股清议和清谈之风,知识分子之间各树朋党,"互相题拂,激扬名声"。最初的清议似乎尚有"品核公卿,裁量执政"的积极一面,后来就逐渐演变成知识分子互相吹嘘,崇尚浮夸,只图虚名,不务实事的清谈陋习。正如《后汉书》所记载的:"汉世之所谓名士者,其风流可知矣。虽弛张趋舍,时有未纯,于刻情修容,依倚道艺,以就其声价,非所能通物方,弘时务也。"(《后汉书·方术传》)这种徒求虚名,不务实才的风气,与曹操推行刑名法治的务实精神是完全不相容的。所以,曹操提出了"明扬仄陋,唯才是举"的主张,以选拔那些确有"治国用兵之术"的人。徐干思想的代表著作《中论》一书就为曹操的这一用人路线提供了理论根据。

徐干在《中论》中,着重讨论了与选拔官吏有关的名实关系问题。徐干认为,当时社会最大的祸患就在于求虚名、造伪名、以名相尚,"苟可以收名,而不必获实,则不去也。可以获实,而不必收名,则不居也"(《中论·考伪》)。一切以名为转移,因此造成了"父盗子名,兄窃弟誉,骨肉相诒,朋友相诈"的"大乱之道"(《中论·考伪》)。徐干还认为,为名的害处,不仅会乱伦败俗,而且会丧家覆邦。他说:"夫为名者,使真伪相冒,是非易位,而民有所化,此邦家之大灾也。杀人者,一人之害也,安可相比也。"(《中论·考伪》)所以,追逐虚名是圣人绝对禁止的("故求名也,圣人至禁也")。为此,徐干提出了自己的名实理论,他说:"名者,所以名实也。实立而名从之,非名立而实从之也。故长形立而名之曰长,短形立而名之曰短,非长短之名先立,而长短之形从之也。仲尼之所贵者,名实之名也,贵名乃所以贵实也。"(《中论·考伪篇》)这就是说,名是名实的,先有实立然后才有名随,犹如先有长短之形,然后才有长短之名一样。因此,实是第一性的,名是从属于实的,是第二性的。这是一种符合唯物主义反映论原理的正确的名实学说。这一学说也从理论上驳倒了只求名不务实的错误观点,为曹操的"唯才是举"的用人路线作了理论上的论证。这对于当时政治来说有一定的进步意义。

刘邵,字孔才,广平邯郸人。他主要活动于魏文帝与明帝时期。建安中曾为计吏,后"拜太子舍人,迁秘书郎"。

文帝黄初中,"为尚书郎,散骑侍郎,受诏集五经群书",作《皇览》。明帝时出任陈留太守,"拜骑都尉,与议郎庾嶷、荀诜等定科令,作《新律》十八篇,著《律略论》,迁散骑常侍"。景初中,"受诏作都官考课",又作《乐论》十四篇。正始中,执经讲学,"赐爵关内侯"。(见《三国志·魏志·刘邵传》)其代表著作是《人物志》一书。

《人物志》主要是一部讨论如何鉴察和选拔官吏的理论性的著作。既然要鉴察人物和选拔官吏,自然就会涉及鉴别人的名与实的问题,所以《人物志》也讨论了名实理论。

刘邵认为,名与实两者常常是会发生矛盾的。一个人的"名"往往是依据众人的看法不同而起变化的,这就叫作"名由众退""名由口进"。而一个人的"实"则是以一个人的事实为依据,并不随人们的看法的不同而改变,这就叫作"实从事退""实从事章"。所以只依据一个人的名声高低来选拔官吏,就会犯错误,刘邵说:"故其接遇观人也,随行信名,失其中情(指真实的才能)。故浅美扬露,则以为有异,深明沉漠,则以为空虚;……口传甲乙,则以为义理;好说是非,则以为臧否;讲目成名,则以为人物。"(《人物志·效难》)就是说,按照这样的原则来选拔官吏,没有不出乱子的。在这种情况下,真有实际才能的人往往是名不能副实,名声小但有实才;而没有实际才能的人却名声很高,所以名实也不能相副。为此,刘邵十分强调从实事出发来认识人物,他说:"故必待居止,然后识之。故居,视其所安;达,视其所举;富,视其所与;穷,视其所为;贫,视其所取,然后乃能知贤否。"(《人物志·效难》)这就是说,鉴别人物,必须以一个人的实际行为作依据,即认识一个人要从"实"出发,不能从"名"出发。就这点来说,刘邵的思想是符合唯物主义的认识论原理的。

曹魏政权在选拔官吏上,确实比较讲求实才,反对徒求虚名。不仅曹操是这样,而且直至后来的魏明帝(曹睿)也还是这样。《三国志·魏志·卢毓传》记载说:(魏明帝)时举中书郎,诏曰:"得其人与否,在卢生耳(卢生即指卢毓)。选举莫取有名,名如画地作饼,不可啖也。"对于明帝的这一诏令,当时卢生回答说:"名不足以致异人,而可以得常士。常士畏教慕善,然后有名,非所当疾也。愚臣既不足以识异人,又主者正以循名案常为职,但当有以验其后,故古者敷奏以言,明试以功。今考绩之法废,而以毁誉相进退,故真伪混杂,虚实相蒙。"卢毓在这里虽说不像明帝那样主张"选举莫取有名",但主张"明试以功","以验其后",最后强调的还是要名实相副。这种不求名务求实的精神,只是到了齐王曹芳的正始年间,随着曹魏政权的腐朽才被完全抛在一边,代之而起的是崇尚无名无为的虚无玄学。这样,曹魏政权就由原来所主张的积极有为的务实哲学,而转向主张消极无为的玄学哲学。同时,名理之学亦随即衰落下来,由对过去积极进取的名实理论的研究,而转入对先秦名家学说中的诡辩思想的玩赏。这是完全适合当时那些标榜远离实际、崇尚玄虚清谈的门阀士族阶级的胃口的。

二、两晋时期的名家学说

魏晋时期玄学清谈风靡一时。玄学崇尚先秦的思辨性强的老庄哲学，并好作脱离实际的概念分析。而先秦的名家擅长于思辨性强的概念游戏。与玄学清谈的思想特点颇有契合之处。因此，两晋时期的那些玄学清谈家又往往兼有名家清谈的兴趣，重视对先秦名家诡辩论的研究。其代表人物主要有乐广与阮裕等人。

《世说新语·文学篇》记载："客问乐令旨（应作指）不至者，乐亦不复剖析文句，直以麈尾柄确几曰：'至不？'客曰：'至。'乐因又举麈尾曰：'若至者那得去？'于是客乃悟服。乐辞约而旨达，皆此类。"这里的乐令即是乐广，他是魏末西晋人，曾任太子舍人、中书侍郎、侍中、吏部尚书、左仆射、右仆射、尚书令等职。《晋书·乐广传》称："（广）性冲约有远识，寡嗜欲，与物无竞，尤善谈论，每以约言析理，以厌人之心。"又称："广与王衍（西晋著名的玄学家之一）俱宅心事外，名重于时。故天下言风流者，谓王、乐为称首焉。"由此可见，乐广也是西晋清谈的首要人物。但他清谈的内容与王衍有所不同，他谈的是先秦名家的"微言"。名家思想中的诡辩论微言，其深奥性确实并不亚于老庄的玄学清谈，所以当时卫瓘"见广而奇之曰：'自昔诸贤既没，常恐微言将绝，而今乃复问斯言于君矣。'"（《晋书·乐广传》）

《世说新语》中记载的乐广关于"指不至"的那段辩论

是什么意思呢？"指不至"这一命题，本是《庄子·天下篇》中所记载的先秦名家的一个诡辩论命题。《庄子·天下篇》记载的这一命题是："指不至，物（原作至字，今据《列子·仲尼篇》改至为物）不绝。"很明显这一命题是公孙龙在《指物论》中所阐述的思想。所谓"指"，公孙龙的意思是指那些独立于具体事物之外而存在的有关事物属性的共相概念。在公孙龙看来，每个具体的物都是由共相属性的概念组合而成的（"物莫非指"）。然而这些共相属性的概念在现实世界中是潜藏着的，并不呈现出来（"自藏也"），所以说"指不至"。不过这些"指"所组成的物是现实的存在物，是不会不存在的，这就叫作"物不绝"。这是公孙龙的客观唯心论的说法。公孙龙把共相（一般）说成是脱离具体事物而存在的东西，这就割裂了一般与个别的关系，使自己陷入了唯心论。乐广在这里对"旨（指）不至"的解释，虽说并不符合公孙龙思想的原意，是"不复剖析文句"而解释的，但是他对这一命题的解释，确实运用了先秦名家的一些思想方法。先秦名家讨论了运动与静止的关系问题，提出了"飞鸟之景（影）未尝动也"的诡辩思想。他们认为，飞鸟的影子是前影消失，后影继起，后影非前影，前影停留在前面，后影停留在后面，前后影子永远没有什么变动，所以说"飞鸟之景未尝动也"。在这里，名家们看到了运动中有静止。运动确实是事物在空间与时间上的间断性与不间断性、连续性与不连续性的统一。但是他们又不承认运动与静止的矛盾，反而夸大间断性，否定连续性，因此得出了飞鸟之影不动的诡辩结论。乐广在这里似乎也是讨论运动与静止的关系问题。他认为,"至"就是达到目的地后绝对地静止下来,不能再离去,如果能离去就不能叫作"至"。"麈尾柄确几",这是说麈尾的柄落在几案上,是"至",然而现在麈尾柄又可举起,这说明前者并没有"至"。所以,乐广认为"至"是"不至"的。我们说,"至"与"去"本来是一对矛盾,没有"至"就无所谓"去",没有"去"也谈不上"至",至与去是相对而言的,绝没有绝对的"至"。乐广看到了至与去的矛盾,但是又不承认这对矛盾。这就像先秦名家看到了运动与静止的矛盾,又不承认这对矛盾,而把静止加以夸大,得出"飞鸟之景未尝动"的结论一样,乐广也是割裂"去"与"至"这对矛盾的辩证关系,认为能去就不可能有至,从而把本来是相对的东西加以绝对化,得出了否认"至"的存在、"至"为"不至"的诡辩结论。

《世说新语·文学篇》还记载了东晋初年的阮裕与谢安讨论公孙龙的《白马论》一事。文中说:谢安年少时,请阮光禄(阮裕)道《白马论》,为论以示谢,于时谢不即解阮语,重相咨尽,阮乃叹曰:"非但能言人不可得,正索解人亦不可得。"

阮裕,字思旷,为阮籍之族弟,"宏达不及放,而以德业知名","虽不博学,论难甚精"(《晋书·阮裕传》)。阮裕是一位善于论辩的清谈名士,他曾历任临海太守、东阳太守、散骑常侍领国子祭酒、金紫光禄大夫领琅邪王师等职。他"论难甚精",可惜的是他的论文早已散失。他为谢安所著的关于《白马论》的论文究竟说了些什么，我们也不得而知。他曾"为论以示谢"，谢安则不解其意。为此，阮裕曾叹恨当时无人懂得他的道理。由此看来，名家的诡辩"微言"虽然在魏晋时期有所复兴，但总的来说影响不大，没有太多的市场，远不及清谈风行一时的老庄玄学。

第二编 《公孙龙子》新解

前 言

公孙龙是战国时期名家学派的重要代表人物。他的著作现存有《公孙龙子》一书。关于《公孙龙子》一书,《汉书·艺文志》著录有十四篇,可惜现今只存有六篇,其中《白马论》《指物论》《通变论》《坚白论》《名实论》五篇是他的哲学著作,《迹府》一篇是后人有关公孙龙事迹记述的汇编。由于公孙龙的著作大半已经散失,因此要把他的哲学思想的全貌研究清楚已经比较困难。同时,由于公孙龙的哲学思想富有思辨性,好作概念分析,他的文字十分晦涩难懂,所以,他的哲学思想不易被人们理解,历代对于《公孙龙子》一书的注释也各不相同。

为了帮助初学者读懂《公孙龙子》一书,我力求对《公孙龙子》一书做出准确的注解。在注解过程中,我参考了谢希深注、辛从益注、陈澧注、俞樾的《诸子评议》、王琯的《公孙龙子悬解》、谭戒甫的《形名发微》、伍百非的《公孙龙子·发微》、陈柱的《公孙龙矛集解》、庞朴的《公孙龙子研究》，并吸收了他们的研究成果。同时，还得到了冯友兰与张岱年两位老先生的热情支持和帮助，他们对我的工作提出了许多宝贵的意见。在此，向冯、张两先生表示衷心感谢。但由于水平有限，其中一定会有许多错误之处，希望读者批评指正。

《名实论》第一

【题解】

公孙龙思想的宗旨，在于"正名实而化天下"（《迹府篇》）。《名实论》就是他这一思想的代表作，原列为卷末，现在我们把它列为第一篇。在《名实论》中，公孙龙明确提出了自己的政治主张，认为治理社会的最好办法就是"审其名实，慎其所谓"。为了给予这一政治主张以理论论证，公孙龙着重从逻辑学上研究了名实关系问题，提出了以名当实的名实学说，名实学说是他整个思想的出发点和理论基础。

天地与其所产焉，物也。

【解义】

天地与天地所产的东西，就是物。这是给物所下的定义。

物以物其所物而不过焉[1]，实也[2]。

【注释】

[1] 物其所物，两"物"字皆为动词。"所物"，是第一

个动词"物"所及的对象。《庄子·齐物论》中说:"物物者非物。""物物"即指使物成为物,"物其所物"与"物物"意思相近,也是指使那个物(即"所物"之物)成为物。

② 实,指实有,实在的存在,《广雅释诂一》云:"实,诚也。"诚与实义同。《素问·调经论》云:"有者为实。"实即实有的意思。

【解义】

此句是给"实"下的定义。什么叫实有呢?实有就是一个物确实成为那个物而没有一点过差,这样的物就叫作实有(实在的存在)。谭戒甫则说:"物其所物者,谓以形物而命之名。"即第一处"物"字指用物名来称谓的意思,"所物"即指称谓的对象。此句意思是说,物用物的名称来称谓那个被称谓的物而没有任何过差,这就叫作实。谭说似亦可通。

实以实其所实①而②不旷③焉,位也④。

【注释】

① 实其所实,两"实"字皆为动词,"所实"是第一个动词"实"所及的对象。"实其所实",意即使那个实在的物确实成为那个实在的物,即符合那个实在的物的界限范围。

② 而,原文缺"而"字,今据上句文例补。

③ 旷,空缺,差失也。

④ 位,指实在的物的界限、范围。公孙龙认为,每一个实在的物都有自己一定的界限、范围,这样的界限、范围

就叫作"位"。王琯说:"实必有界线标准,谓具有某种格程,方为某物。其格程所在,即所谓位者是也。如炭一养二(应作氢二氧一)为水,此炭一养二(应作氢二氧一)之标准,即水之所以别于他物,而取得之位,合其格程,方符水实。故曰:'实以实其所实,不旷焉,位也。'"王说是。

【解义】

此句是给位下的定义。什么是位呢?位就是指实在的物确实符合于那个实在的物的界限范围而没有任何空缺,这就叫作位。

出其所位,非位。位其所位焉,正也。

【解义】

此两句是说,离开那个事物应有的界限范围的叫作非位。在那个事物应有的界限范围之内的叫作正位。

以其所正[1],正其所不正;不以其所不正[2],疑其所正。

【注释】

[1] 所正,所,被也,是被动助动词。正,指校正。所正,即被校正位了的,意思是指事物已被位于它所应有的位上。

[2] 不以其所不正,原文无此语,今据《墨经》补。《墨经·经说下》云:"夫名,以所明正所不智(智即知字),不以所不知疑所明。"文例与此句相近。"不以所不知疑所明"与"不以其所不正,疑其所正"文例同。故据《墨经》

义补"不以其所不正"六字。谭戒甫也说应补"以其所不正"五字。谭云："以其所不正五字，诸本皆缺；兹据子汇本绎史本增。据旧注似亦有此五字，以其所正者而检其所不正者谓之正；以其所不正者而质其所正者谓之疑，盖其所不正者，自当以其所正而正之。然其所正者究已正否，尚未可知，于是又须以其所不正者而疑其所正者，以反证其所正者之正否也。"谭说似亦可通。

【解义】

此句意思是说，用那个已被正位的东西，校正那个尚未被正位的东西，使不正位的东西得到正位。不要用那个尚未被正位的东西来怀疑已被正位的东西，以免把问题弄混乱。

其正者，正其所实①也。正其所实者，正其名也②。

【注释】

① 正其所实，即指正其所要正之实。

② 正其所实者，正其名也，意思是说，要把实正好，就要把它的名正好。伍百非云："所谓正者，在正其实，如何正实，在正其名，盖实不可正，方圆大小属诸形，轻重长短属诸量，多寡丰啬属诸度，分合同异属诸剂，黄马黑马坚石白石望形可知，察色可睹，虽有巧辨，莫之易也。方圆既陈，岂因言辞而异状；黑白并列，不以辨说而殊色。服人之口，渚人之意，端在语言文字之间，其于实也无与。故实不可正，不能正，亦不必正，而正实者惟在正其名而已矣。"伍说是。

【解义】

全句意思是说，所谓正，就是要正其所要正的实，使实有的物位于其所应有的位上。要使物位于其所应有的位上，就要把它的名正好。也就是说，实是实际的存在不可正，关键在于正名。

其名正①则唯②乎其彼此焉。谓彼而彼不唯乎彼，则彼谓不行；谓此而此不唯乎此，③则此谓不行。

【注释】

① 名正，指彼名与彼实相应，此名与此实相应，名与实相符，谓之名正。

② 唯，《说文》云"诺也"。唯即应诺也。《广雅释诂一》云："唯，應也。"應与应通，故谢希深注："唯，应辞也。"谢注是。"其名正则唯乎其彼此焉"，对此句，谢注云："正其名者，谓施名当于彼此之实，故即名求实，而后彼此皆应其名。"

③ "谓此而此不唯乎此"，对此句，诸本皆作"谓此而行不唯乎此"。谭戒甫说：惟子汇本，绎史本不误，作"谓此而此不惟乎此"。今据谭说改。从上下文义看，此句应与上句"谓彼而彼不唯乎彼"相应，改"行"为"此"是。

【解义】

全句意思是说，名正了，则名可以相应于彼此，即彼名相应于彼，此名相应于此。如果称谓彼，而彼之名与彼之实不相应，那么彼之名就行不通。同样，称谓此，而此之名与此之实不相应，那么此之名亦行不通。

其以当①不当也，②不当而乱也。

【注释】

① 当，指名符合实，谓之名实相当。

② 以当不当，即以不当为当，谢希深注："教命不当，而自以为当，弥不当也。"谢说是。

【解义】

此句是承上句，意思是说，那是以不当为当也，名实不当就混乱了。

故彼彼①当乎彼，则唯乎彼，其谓行彼。②此此③当乎此，则唯乎此，其谓行此。④其以当而当也。以当而当，正也⑤。

【注释】

① 彼彼，即以彼名称谓彼实。

② 其谓行彼，指那样称谓就能通行于彼。

③ 此此，即以此名称谓此实。

④ 其谓行此，指那样称谓就能通行于此。

⑤ 对此段文字，王琯注云："此节仍接上意，言若名定为彼，而所定之彼，与其实际相当，适当于彼，方可谓行彼。名定为此，而所定之此，与此之实际相当，适应乎此，方可谓行此，凡是皆以名实相当，而成正举，归纳公孙之意，即凡百事物，不能徒托空言，必要与实际相当能行，乃有其价值。由此可窥名实合一之精神焉。"王注是。

【解义】

此段是说，名以当实，名谓才能行得通。所以以彼名称谓彼，如果彼名当于彼实，那么彼名与彼实相应，如此称谓就能通行于彼。同理，以此名称谓此实，如果此名当于此实，那么此名与此实相应，如此称谓就能通行于此。这是以名实相当为当。以名实相当为当，这就名正了。

故彼彼①止于②彼，此此止于此，可。③彼此而彼且此，此彼而此且彼，不可。④

【注释】

① 故彼彼，原文作"故彼故彼"，多一"故"字，为衍文。彼彼应与下文此此相对，应作"彼彼"为是。

② 止于，指限于在……上面。

③ 对此句，谢希深注云："彼名止于彼实，而此名止于此实。彼此名实不相滥，故曰可。"谢注是。

④ 对此句，谢希深注云："或以彼名滥于此实，而谓彼且与此相类。或以此名滥于彼实，而谓此且与彼相同，故皆不可。"谢注是。此段与《墨经·经说下》所说的"正名者，彼此，彼此可，彼彼止于彼，此此止于此；彼此不可，彼且此也，……"义同。

【解义】

此句是说，彼名用于彼实则可，彼名用之于此实则不可，名实不应相乱。所以彼名专用于称谓彼实，此名专用于称谓此实，这可以。用彼名来称谓此实，使彼名与此实相应；用此名来称谓彼实，使此名与彼实相应，这是不可以的。

夫名，实谓也。①知此之非此也，②知此之不在此也，则③不谓也。知彼之非彼也，知彼之不在彼也，则不谓也。

【注释】

① "名，实谓也"，亦可读作"名实，谓也"。两种读法不同，然义近；一为名是实的称谓；一为用名来命实，这就叫称谓。《墨经·经说下》云："有之实也，而后谓之；无之实也，则无谓也。"《墨经》的说法皆与此句同义。

② "知此之非此也"，原文为"知此之非也"，"非"字后无"此"字，今据谭说补。此句应与下句"知彼之非彼也"相应，"非"之后补"此"字为是。

③ 则，原文作明，应作则，与下文"则不谓也"相应。

【解义】

全句意思是说，名是用来称谓实的，如果知道此不是此，知道此已经不在此位上，那就不要用此名来称谓它；如果知道彼不是彼，知道彼已经不在彼位上，那就不要用彼名来称谓它。

至矣哉！古之明王！审其名实，慎其所谓。至矣哉！古之明王！

【解义】

此句为《名实论》的根本宗旨。公孙龙认为，要实现"正名实而化天下"（《迹府篇》）的政治主张，就必须做到

"审其名实，慎其所谓"。故对此句，王琯注说："名之与实，审而求符，谓名谓实，必慎其初，丝毫不假，勿使舛午。执之以正天下，古有明王，其道在是。连称'至矣'推挹已极。公孙龙造论微旨，于本篇结穴瞻之矣。"王注是。

《白马论》第二

【题解】

《白马论》是一篇主客对话的论文，采取客问主答的形式。它是公孙龙名实理论的具体运用，是他"正名实"的一个实例，所以我们把它列为第二篇。

公孙龙从名是实的称谓、名应当实的理论出发，考察了白马之名与白马之实，马之名与马之实之间的名实关系，看到了白马与马之间的差异，涉及了特殊与一般之间的矛盾关系，但是他忽视了概念之间的类属关系，即共名与别名之间的内包关系，否定了白马与马这两个概念之间的统一性，从而得出了"白马非马"的诡辩结论。这一理论思维的教训，值得我们认真研究和记取。

白马非[1]马，可乎？曰："可。"

【注释】

非，《说文》云："非，违也。从飞下翅取其相背也。"非即是"是"的对立面，故《说文》解作"违也"。《玉篇》云："彼亦一是非，此亦一是非。"非与是相对，非则为不是的意思，即其证。

【解义】

白马是特殊的马，马指一般的马，既然白马是特殊的马而不是一般的马，因此发问说：白马不是马，可以这样讲吗？回答说：可以。

曰："何哉？"

【解义】

为什么可以这样讲呢？

曰："马者所以命[1]形也，白者所以命色也，命色者非命形也。故曰：'白马非马。'"

【注释】

[1] 命，称谓的意思。

【解义】

全句意思是说：马是用来称谓马的形体的，白是用来称谓马的颜色的，称呼马的颜色不是称呼马的形体，（而白马是既称呼形体又称呼颜色）所以说：白马不是马。

曰："有白马，不可谓无马也。不可谓无马者，非马也？[1]有白马为有马，白之非马，何也？"

【解义】

此句为设问句。全句意思是说：有了白马就不可以讲没有马，既然不可以称没有马，那么怎么能说白马不是马呢？

有了白马为有了马，那么说白色的马不是马，这是为什么呢？

曰："求马，黄、黑马皆可致，①求白马，黄、黑马不可致，使白马乃马也，是所求一也。所求一者，白者不异马也。所求不异，如黄、黑马，有可有不可何也？可与不可，其相非，明。②故黄、黑马，一也，而可以应有马，而不可以应有白马，是白马之非马，审矣。"

【注释】

① 致，交与、给与之意。此句是说，要马时，黄、黑马皆可给与之。

② "可与不可，其相非，明。"此句意思是说：可与不可，两者相反，这是很清楚的。

【解义】

马是共名，是从一般意义上来说的，包括所有的马，而白马是别名，专指白马，不包括其他的马。这两个概念的外延是不一样的，所以不能把白马与马两者等同起来。公孙龙看到了这一点。因此此句说：求马时，黄、黑马都可以算数，求白马时，黄、黑马都不可算数。假若白马等同于马，那么，求白马与求马，所求是一样的。所求一样，白马与马就没有什么区别。所求没有什么区别，那为什么求马时，黄、黑马可算数，而求白马时，黄、黑马就不可算数呢？可与不可，它们相反，这是很明显的。所以，黄、黑马是一样的，可以回答说有马，而不可以回答说有白马，白马不是马，这就考察得很清楚了。

曰:"以马之有色为非马,天下非①有无色之马也,天下无马,可乎?"

【注释】

① 非,即无也。《史记·孔子世家》云:"夫子则非罪。"非罪即无罪也。

【解义】

此句为设问句。问难说:马有了颜色就认为不是马,然而天下并没有无色之马呀!天下无马,可以这样说吗?

曰:"马固①有色,故有白马,使马无色,有马如已耳,②安取白马?故曰白者非马也,白马者,马与白也,白与马也。③故曰:'白马非马。'"

【注释】

① 固,原本、本来的意思。
② 有马如已耳,即有马而已。谢希深注:"如,而也。"
③ "白马者,马与白也,白与马也",原文作"白马者,马与白也,马与白马也。"今据谭校改。

【解义】

全句大意是说:马本来都是有颜色的,所以有白马。假若马无颜色,那么只有马而已,哪里能有白马呢?所以说白色的马不是马。白马就是马加白色,白色加马,所以说白马不是马。

曰:"马未与白为马,白未与马为白,合马与白,复名白马。是相与①以不相与②为名，未可。故曰：白马非马，未可。"

【注释】

① 相与，与，党与也。相与，这里指相结合的意思。公孙龙认为，白马是白与马相结合而成的。

② 不相与，指不相结合。这里就"非马"而言。陈澧云："客言白与马本不相与，然既合马与白而名白马，是相与矣。既相与而犹欲以不相与为名，则未可也。白马非马是以不相与为名也，故未可也。"陈柱亦云："上节主以'与'证白马非马，'与'作相加之意，白马为马加白，故白马非马。此节客复以'与'证白马是马，'与'作相合之意，白马为马与白合，故白马是马。若仍以白马非马，则是以已相合者为不相合也。故曰是相与以不相与为名未可也。"两陈之说义近。

【解义】

此句为设问句。全句大意是说：马并不要与白相结合才为马，白也并不要与马相结合才为白。合马与白两者，复名叫白马。对于相结合的东西（指白马），用不相结合的东西（指非马）来称呼，这是不可以的。所以说，白马非马也是不可以的。

曰："以有白马为有马，谓有马为有黄马①，可乎？"曰："未可。"

【注释】

① "谓有马为有黄马"，原文为"谓有白马为有黄马"，

但下文有"以有马为异有黄马"句,文应相一致,白马之"白"疑衍文。

【解义】

此句是以反问句回答上难。全句意思是说:以为有白马就是为有马,那么,称有马为有黄马可以吗?回答说:"这不可以。"

曰:"以有马为异①有黄马,是异黄马于马也。异黄马于马,是以黄马为非马,以黄马为非马,而以白马为有马,此飞者入池,而棺椁异处,②此天下之悖言③乱辞也。"

【注释】

① 异,不相同也。异与同相对,同指等同,异指差别。这里指马不能与黄马等同,即马与黄马是有差别的。

② "飞者入池,而棺椁异处",即指自相矛盾,必无其事的意思。是飞者就不能入池,是棺椁就不能异处。古代的棺材是外椁内棺,椁套在外面,棺在里面,绝不能异处,异处就不能称作棺椁。

③ 悖言,指自相矛盾。

【解义】

在这里,公孙龙用黄马与马有差异性来证明黄马不是马,乃至白马不是马,这是错误的。"异"并不就是"非",白马与马是有差异的,但并不能证明白马不是马。

全句大意是说:以有马不同于有黄马,是区别黄马不是马,以黄马不是马,反而以白马为马,这是自相矛盾和不可能有的事情。这犹如把飞翔在天空的东西沉没于池塘里,把本来套在一起的内棺外椁放在异处,真是荒谬绝伦。

曰:"有白马不可谓无马者,离白之谓也。不离者,有白马不可谓有马也。故所以为有马者,独以马为有马耳,非有白马为有马,故其为有马也,不可以谓马马也。①"

【注释】

① "不可以谓马马也",马马这两个"马"字,其一指白马的马,其一指马形的马。此句是说,如果认为白马是马,那么再加上马形的马,这就是马马(两个马)了。所以公孙龙认为,白马不是马,马只是命形的。

【解义】

此段文字,谢希深、俞樾等皆以为设难之词,实非。谭戒甫说:此句实为论主远追宾语,重申本意。谭说是。其实全句的思想讲得很清楚,中心是论证有白马不可谓有马。至于有白马不可谓无马者,只是离白之谓,命其形的缘故。

全句大意是说,有白马不可以说没有马,这是离开白色而讲的。如果不离开白色的话,有白马就不可以讲有马。所以称为有马,只是它有马形而称它为马,并不是有白马而称为有马。称马为有马,并不是称白马为有马,不然的话,一匹马就要成为两匹马(马形的马加白马的马),成为"马马"了,这是不可以的。

曰:"白者不定所白,①忘之而可也。白马者言白,定所白也。②定所白者非白也。③马者无去取于色,④故黄、黑马⑤皆所以应;白马者有去取于色,黄、黑马皆所以色去。⑥故唯白马独可以应耳。无去者非有去也,故曰:白马非马。"

【注释】

① 白者不定所白,这里的白色指一般的白色,不论其具体的白色,如不论是白狗的"白",还是白马的"白"。

② 定所白,指具体的白色,即指某一事物的"白",如白马的"白"等。

③ 定所白者非白,即指具体事物的白不能称作白。在这里,公孙龙割裂了个别与一般的关系,他不了解一般存在于个别之中,似乎认为一般是可以脱离个别而存在的。公孙龙的这种思想虽然在这里表现得还不明显,但在《坚白论》中认为一般的白是自藏的观点,就把这一思想表达得很明确了。

④ 无去取于色。去取,即舍与取的意思。此句意思是,对于马(指一般的马),并不要考虑它的颜色,所以不需要以颜色来取舍。

⑤ 马,原文无"马"字,然下文"黄、黑马皆所以色去一句有"马"字,此句似应增补"马"字为宜。

⑥ "黄、黑马皆所以色去",此句的意思是:求白马时,黄、黑马由于颜色都不同于白马而被舍弃。

【解义】

此段文字主要是说,对一般的马不考虑颜色,而对白马则要考虑其颜色,公孙龙妄图以此差异来证明白马非马的道理。

全句大意是说：白色并不是某一事物所独有的颜色，而是一般共有的颜色，所以不考虑这样的一般的白色是可以的。白马的白是定于某事物上的白，定于某一事物上的白就不是白了。讲到求马时，并不考虑它的颜色，所以黄、黑马皆可以算数。讲到求白马时，就要考虑它的颜色，而黄、黑马都有不同于白马的颜色，所以都被舍弃。因此求白马时，只有白马可以算数。一个不需要舍弃，一个需要舍弃，这两者是不同的，所以说白马不是马。

《通变论》第三

【题解】

《通变论》亦是公孙龙名实论思想的具体运用和进一步发挥，所以我们把它列为第三篇。它研究的是在事物之间的关系或位置发生变化的情况下，名实关系是否变化的问题。公孙龙认为，两个具体事物相互结合，在事物之间的关系有所改变的情况下，名实关系仍然是不能混乱的。他举例说，牛与羊结合在一起的时候，牛仍是牛，羊仍是羊，牛与羊结合在一起决不会就变成马或鸡。他又举出青、白两种颜色，本来青是青，白是白，青白结合的时候也决不会变成黄。公孙龙也看到了青白结合与牛羊结合的情况有所不同，青白两种颜色互杂，在各不相胜的时候，就会产生非青非白的碧色。但是，公孙龙认为碧色是一种杂色，并不是正色，这犹如君臣两明，名位不正，互相争明，出现混乱，是名实不当所造成的缘故。所以，公孙龙认为，要使国家强大，国运久长，就必须名以当实，名实不乱。很明显，公孙龙的这种名实理论是为巩固当时新建立起来的封建秩序和维护封建君权服务的。

曰："二有一乎？"曰："二无一。"①

【注释】

① "二有一乎"，二，指两个事物相结合（如白与马相结合，牛与羊相结合）；一，指一个事物。意思是说两个事物结合后能看成是一个事物吗？如：白与马相结合，公孙龙认为既不能只看作白，也不能只看作马。所以回答说：两个事物相结合不能看作一个事物。

【解义】

此句大意是说：两个事物结合在一起，可以说成只有一个事物吗？回答说：既然是两个事物，就不能说成是一个事物。

曰："二有右乎？"曰："二无右。"曰："二有左乎？"曰"二无左。"①

【注释】

① 对此句，谢希深注云："左右合一位也，不可合二以为右，亦不可合二以为左，明二必无为一之道也。"谢说是。辛从益云："二之云者，彼此相判之辞也。一在左，一在右，

截然异位,二岂偏附于右?二岂偏附于左?若二有偏附,则是二有一矣。"辛注与谢注义近,皆谓两物相合有左有右二位,但不能只说有左位,或只说有右位。王琯则云:"'二'为双数,譬如二物,此一物之右,非彼一物之右;彼一物之左,非此一物之左。分言之,二物各有左右;合言之,左右无可定。故曰:"二无左右。"王琯用左右的相对性来解"二无左右"似亦可通。

【解义】

此句意思是说:两个事物在一起,可以说只有右位或只有左位吗?问答说:不可能只有右位或只有左位。

曰:"右可谓二乎?"曰:"不可。"
【解义】

问:"右可以称谓二吗?"回答说:既然是右位,就不是二,只是一。所以说:"不可。"

曰:"左可谓二乎?"曰:"不可。"
【解义】

问:"左可以称谓二吗?"回答说:既是左,就只是一,不是二。所以说:"不可。"

曰:"左与右,可谓二乎?"曰:"可。"
【解义】

问:"左与右合在一起,可称作二吗?"回答说:"可以。"

119

曰："谓变非不变，①可乎？"曰："可。"

【注释】

① "变非不变"，即是说变就不是不变，谭戒甫则说："非不变"应作"而不变"，非而形似而误。谭说似亦可通。"谓变而不变"能与下文"右苟变""右苟不变"相互呼应。按谭注解此句，意思是说，"称变又称不变，可以吗？"回答说："可以。"

【解义】

此句意思是说：称作变，就不是不变，这可以吗？回答说：可以。

曰："右有与，①可谓变乎？"曰："可。"

【注解】

① 与，《说文》云："党与也。"这里的"与"是指有所结合的意思。"右有与"，其意思是指与右位有所结合。

【解义】

全句意思是说：与右位有所结合，可以称作变吗？回答说：可以。

曰："变奚？"①曰："右。"

【注释】

① 奚，原文为隻字，俞樾说："'变隻'无义，疑'隻'字为'奚'字之误。变奚者问辞也，犹言当变何物也。"俞说是。今据俞说改。

【解义】

此句是说:"变了什么呢?"回答说:"右变了。"

曰:"右苟变,安可谓右?右苟不变,安可谓变?"①
【注释】

① 此句有问而无答,疑答辞夺文。按照上文有"变非不变"的思想,所以发此问。回答应该是:"右位结合了东西是变了,并不是不变,但右边的方位仍未变。"如按谭注解,上文有"变而不变"的思想,此处答辞应为:"右变而不变也。"从右位结合东西来说是变了,但它仍为右边,右边这个方位不变。这两种答法全可通。

【解义】

此句问难说:右如果变了,那怎么还能叫右呢?右如果不变,那可以称作变吗?

曰:"二苟无左又无右,二者左与右奈何?"
【解义】

此句是对上文"左与右,可谓二乎?曰:可"一句的问难辞。全句意思是说:既然二不能说成左也不能说成右,那么为什么又说左与右可称作二呢?

曰:"羊合牛非马,牛合羊非鸡。"①
【注释】

① 此句是举例,以回答上面的问题。各种版本在句首

均无"曰"字,陈柱说:"当是脱曰字。"今据陈柱说补。

【解义】

全句意思是说:羊与牛合为二,即左与右可合为二。既合为二,就不能为一。牛羊两者合,决不能成为马或鸡。这就是说,二不能成为一,因此,二既不是左,也不是右,合左与右才能称为二。所以说:羊合牛为二,不是一马,牛合羊为二,也不是一鸡。

曰:"何哉?"

【解义】

这是问:为什么羊与牛合不是马呢?牛与羊合不是鸡呢?

曰:"羊与牛唯①异,羊有齿,牛无齿。②而牛之非羊也,羊之非牛也,③未可。是不俱有,而或类焉。

【注释】

① 唯,独有,仅仅的意思。

② "羊有齿,牛无齿",指羊有上下齿而牛无上齿而言。谭戒甫说:"《古今乐录》载梁三朝乐之俳辞中有'马无悬蹄,牛无上齿'之语可证。此牛无齿,乃指无上齿言。"

③ "牛之非羊也,羊之非牛也",原文为"羊牛之非羊也,之非牛也"。今据孙诒让说改。孙按上下文义校之,下文有"羊有角,牛有角,牛之而羊也,羊之而牛也,未可。是俱有而类之不同也"句,正与此相对,故孙校是。

【解义】

全句意思是说：羊与牛的不同，仅只考虑到羊有上齿，而牛无上齿这一点，从而认定牛不为羊，羊不为牛，这还不可以，这是因为虽说牛没有上齿，但牛与羊仍然可能成为同类。

"羊有角，牛有角，牛之而①羊也，羊之而牛也，未可。是俱有，而类之不同也。

【注释】

① 之而，谢希深注云："之而犹之为也。"

【解义】

上句说明牛、羊有不同的特征，但还不足以判明它们就不可能同类。此句说明牛羊有相同的征状，但还不足以说明是同类。

全句大意是说：羊有角，牛也有角，但认定牛为羊，羊为牛，则不可，虽说都有角，但它们不是同类。

以上两段文字说明用羊与牛的某一方面相同，或某一方面相异来证明牛、羊是同类，或不是同类，这是困难的。而以此用来说明牛羊不是马或鸡却是容易的。所以，下文将对上文中羊合牛非马或非鸡的例子作出说明。

"羊牛有角，马无角，马有尾，羊牛无尾。①故曰：'羊合牛非马也。'非马者，无马也。无马者，羊不二，牛不二。而羊牛二。是而羊、而牛、非马，可也。若举而以是，②犹③类之不同，若左右犹是举。

【注释】

① "马有尾,羊牛无尾",指马有鬃毛长尾,而牛羊则无。

② 若举而以是,即若以是而举。若,乃也。举,指用名来称呼(举出)实,即"告以之名,举彼实也。"(《墨经·经说上》)

③ 犹,与"由"通,声同通假。

【解义】

此段文字是说明牛合羊为二,牛一与羊一合为二,牛合羊决不会成为马。这又一次说明二不能成为一的道理。

全句大意是说:羊与牛都有角,马无角,马有鬃毛长尾,羊和牛则没有。所以说:羊与牛合在一起不能成为马。不能成为马也就是无马。无马,这就是说羊只是一,不是二,牛也只是一,不是二,而只有羊与牛合在一起才成为二。是羊,是牛,不是马,这是可以的。以此而称呼它们,是由于根据类的不同,就像左与右一样,是根据它们的彼此不同,而给予不同的称呼。

"牛羊有毛,鸡有羽,谓鸡足一,数足二,二而一故三。①谓牛羊足一,数足四,四而一故五。②羊牛足五,鸡足三。故曰:牛合羊非鸡,非有以③非鸡也。

【注释】

① "鸡足一,数足二,二而一故三。"此句意思是说:论鸡有足无足而言,鸡为有足,从这个意义上讲,鸡足为一,

即有一个一般的概念的足。至于实际数一数鸡的足,则鸡有左右两只足。这样,一般概念上的一只足再加上鸡实际具有的两只足,鸡就有三足了。这是公孙龙割裂一般与个别的关系,承认有脱离个别而存在着一个一般概念的存在物的唯心主义说法。

② "谓牛羊足一,数足四,四而一故五。"此句与上句同理,意思是说:牛羊实际上都有四只足,同时还有一只一般概念的足,这样加起来,牛羊就有五只足了。所以说"四而一故五"。

③ 以,故也,即缘故的意思。

【解义】

全句大意是说:牛和羊有毛,鸡有羽,说鸡有足,不是无足,这是足一,而实际数一数鸡是两只足,这样一足加二足,鸡就有三只足了;说牛羊有足,不是无足,这是足一,而实际数一数,牛羊是四只足,这样一足加四足,牛羊就有五只足。羊牛有五足,鸡有三足。所以说:牛与羊合在一起不能成为鸡。这并不是别有缘故使它们不能成为鸡,而是自然而然本来就是如此。

"与马以鸡宁马。① 材不材其无以类,② 审矣。举是,谓乱名,是狂举。"③

【注释】

① "与马以鸡宁马",意思是说,牛羊与马相比较,由于它们类相近,作比较合适,然而用鸡来代替马,以鸡来与

牛羊相比较，则类不相近，作比较不合适。所以说，与牛羊相比较宁愿用马，不用鸡。陈柱说："与马以鸡犹云以马与鸡。"意即以马与鸡跟牛羊相比较宁取马。

② "材不材其无以类"。这里指牛羊皆为材，而鸡不成材，材与不材是不同类的，不能相类比。即指马与牛羊可类比，鸡与牛羊不能类比。

③ "举是，谓乱名，是犹举"，这里的意思是，举出鸡来与牛羊相比较，这是不合适的，是乱了名，不是正确的比较。

【解义】

此句是公孙龙主张以类相比，反对异类作比，认为异类作比即是"乱名""狂举"。

全句大意是说：用鸡和马来跟牛羊相比较，则宁愿用马不用鸡。这是因为马牛羊为材而鸡不为材，材与不材不同类，这是很清楚的，不能作比较。所以，举出鸡来与牛羊相比较是乱了名，是错误的。

曰："他辩？"

【解义】

此句意思是说：还能举出其他的例子来加以说明吗？

曰："青以①白非黄，白以青非碧。"

【解义】

公孙龙在此句以后用颜色来作例，说明青与白是两种颜色，不是一种颜色，以此证明"二无一"。

全句大意是说：青色与白色都不是黄色，白色与青色也都不是碧色。（意即：青是青，白是白，青白为二，不为一。）

曰："何哉？"
【解义】
即为什么？

曰："青白不相与而相与，反对也。① 不相邻而相邻，不害其方也。② 不害其方者，反而对，各当其所，若左右不骊。③"
【注释】
① "青白不相与而相与，反对也。"意思是说，青不与白相合而为青（相与即相合的意思），青自青；白也不与青相合而为白，白自白，所以说：青白不相与。若青白两色相与（相合在一起），则颜色相反，所以说：反对也。

② "不相邻而相邻，不害其方也。"谢希深说："青者木之色，其方在东。白者金之色，其方在西。东西相反而相对也。"所以说不相邻。今青白相合在一起，即为相邻，而并不妨害它们各自所代表的东西相反的方位。所以说："不相邻而相邻，不害其方也。"

③ "若左右不骊"，骊，谢希深注云："色之杂者也。"意思是说，就同与左右的位置不相混杂一样。
【解义】
全句大意是说：青色与白色原各自为色，并不要相合而为青白色，相合在一起时颜色则相反。青色代表东方，白色代表西方，本来是不相邻的，现把它们合在一起则相互为邻了，但这并不妨碍它们各自所代表的方位。不妨害它们的方位，也就是说它们的方位（指东西两个方位）仍然是相反相对，各当其所，犹同左边与右边的位置不能混杂一样。

"故一于青不可，一于白不可。恶乎其有黄矣哉？黄其正矣，是正举也。①其有君臣之于国焉，故强寿矣。②

【注释】

① "黄其正矣，是正举也。"意思是说，黄色不是杂色，是正色。称黄色为正色，这是正确的称谓。

② "其有君臣之于国焉，故强寿矣。""其有"疑即为"其犹"。寿，指久长也。此句是说，就同君臣对于国家一样，君臣名位正，国家就能强盛，国运就能久长。

【解义】

全句意思是说，所以把青、白色都说成是青色是不可以的，都说成是白色也是不可以的。那么还有什么黄色在其中呢？黄色是正色，称黄色为正色，这是正确的称谓。就同君臣对于国家一样，君臣名位正，国家就能强大，国运就能久长。

"而且①青骊乎白，而白不胜也。白足之胜矣而不胜，是木贼金也。②木贼金者碧，碧则非正举矣。③

【注释】

① 而且，更端词，然而的意思。

② 木贼金，木代表青色，金代表白色。木贼金，指青色胜过白色。

③ 碧则非正举，碧色属于杂色，是青杂于白，白为青所掩而成。所以，称碧色为正色是不正确的称谓。

【解义】

此句大意是说，然而青色杂于白色，而白色又不能胜过青色。代表金的白色本应胜过代表木的青色，然而不能胜，这就叫木贼金。木（青色）贼金（白色）呈现出碧色，所以，把碧色称作正色是不正确的。

"青白不相与而相与，不相胜则两明也，争而明，其色碧也。

【解义】

此句意思是说：青、白两色本来青自青、白自白，并不相混杂，现在两色相杂在一起，白色又不能胜过青色，所以两种颜色各自都要呈现出来，这就会互相纷争以表现自己，这时的颜色就成为碧色了。

"与其碧宁黄。①黄，其马也，其与类乎！②碧，其鸡也。其与暴乎！③

【注释】

① "与其碧宁黄"，意思是说，与其用碧色与青白色相比较，则宁愿用黄色不用碧色。这是因为碧为杂色，黄为正色，青、白亦为正色，正色与正色相类，可作比，正色与杂色不相

类,不比。所以说,宁愿取正色的黄色,而不取杂色的碧色。

② "黄,其马也。其与类乎!"谢希深注云:"黄,中正之色也。马,国用之材也。夫中正之德,国用之材,其亦类矣。"谢注是。意思是说,黄与马同属正类,因为黄为正色,马为国用之材。

③ "碧,其鸡也。其与暴乎!"暴,乱也。此句意思是说,碧为杂色,鸡为不材,所以说碧与鸡同属乱类。

【解义】

全句意思是说:与其用碧来与青白相比较,则宁愿用黄来与青白相比较。这是因为,黄是正色,马是国用之材,黄与马同属正类。碧是杂色,鸡为不材,碧与鸡同属乱类。

"暴则君臣争而两明也。两明者昏不明,非正举也。"

【解义】

此句是说,君臣关系亦与青白颜色一样,青白两明则为杂色,君臣两明则为昏乱,即君臣的名位不正。君臣的名位不正,就会产生君臣纷争,君臣各自都要表现自己的情况。君臣互相纷争,各自都要表现自己,就会产生政治昏乱的现象,这样的君臣关系是不正的。

"非正举者,名实无当,骊色章焉。①故曰:两明也。两明而道丧,其无有以正焉。"

【注释】

① 骊色章,骊色,即杂色。章,即彰明也。骊色章,

指杂色显现的意思。

【解义】

全句意思是说：君臣名位不正，就是名实不相符合，从而杂乱就显现出来了，这就叫作君臣"两明"。君臣"两明"，治理国家的正道就丧失了，也没有办法再使它走上正道了。

《坚白论》第四

【题解】

《名实论》《白马论》《通变论》三论，基本上是研究名实关系问题；《坚白论》与《指物论》两论，主要是研究名所称谓的实即客体的问题。《坚白论》研究了一个具体的物体（石头）的两种属性，即坚质与白色的关系问题，《指物论》则在更抽象的高度上研究了物自身是什么的问题。所以，我们把《坚白论》列为第四篇，把《指物论》列为第五篇。

在《坚白论》中，公孙龙所讨论的问题实质上仍然是一般与个别、概念与实际事物的关系问题。公孙龙一方面强调了一般的白与具体事物的白、一般的坚与具体事物的坚的差异性，另一方面又形而上学地夸大了这一差异，否定了个别与一般之间的同一性，从而得出了一般的坚与白可以离开具体事物的坚与白而独立存在的错误结论。按公孙龙的说法，一般的坚与白是处于"自藏"的状态，即"潜在"的存在状态。这种脱离个别的一般，其实是人脑的抽象物。公孙龙把这一抽象概念当作客观独立存在的事物，是完全错误的。

〔曰〕：①"坚、白、石三，可乎？"曰："不可。"

【注释】

① 句首原无曰字，此为设问句，故增补曰字。

【解义】

全句意思是说：坚质、白色、还有石形，可以把石分成这三者吗？回答说：不可以。

曰："二，可乎？"曰："可。"

【解义】

此句意思是说：说成二者可以吗？回答说：可以。

曰："何哉？"

【解义】

问：为什么只能说成二者，不能说成三者呢？

曰："无坚得白，其举也二。①无白得坚，其举也二。"②

【注释】

① "无坚得白，其举也二"，意思是说，人们用眼观察时，看不到石头的坚质，只能看到石头的颜色。这时就可以肯定存在的只有白色与石形两者。

② "无白得坚，其举也二"，意思是说，用手抚摸时，触不到石头的白色，只触到石头的坚硬。这时就可以肯定存在的只有坚质与石形两者。

第二编 《公孙龙子》新解

【解义】

全句意思是说：看到白色时，看不到坚质，所以，只有白色和石形两者的存在。触到坚质时，不能触到白色，所以，只有坚质和石形两者的存在。

曰："得其所白，① 不可谓无白；得其所坚，② 不可谓无坚；而之石也，之于然也，③ 非三也？"

【注释】

① 所白，即为石之所白。
② 所坚，即为石之所坚。
③ "而之石也，之于然也。"俞樾说："之石犹此石也"，"之于然也"即"此石实然也"。俞说是，王琯说："之石也"，之字假借为是，亦通。

【解义】

全句意思是说：看到石头的白色，就不可称为没有白色；触觉到石头的坚质，就不可称为没有坚质，而且尚有此石头，这石头是实际存在的，怎么能说不是三者呢？

曰："视不得其所坚，而得其所白者无坚也。拊① 不得其所白，而得其所坚；得其坚也，无白也。"

【注释】

① 拊，触摸的意思。

【解义】

公孙龙主张"离坚白"，认为坚质与白色是两种互相分离而存在的东西,所以他回答上问说:当看到石的白色时,并不能看到石的坚质,所以,这时得到的是白色,并没有坚质。当手触摸到坚质时,并不能触到白色,所以,这时得到的是坚质,并没有白色。

曰:"天下无白,不可以视石。天下无坚,不可以谓石。坚、白、石不相外,①藏三可乎?"②

【注释】

① 不相外,意思是说坚、白、石三者不可分离,同处于一体之中。《墨经·经说上》云:"坚白不相外",即其意。

② "藏三可乎",意思是说,视石无坚,只得白与石;抚石无白,只得坚与石;那么各自的第三者是否藏起来了呢?

【解义】

此句为设问句,意思是说:如果天下无白色,那就不可以看到石头。如果天下无坚质,那就不可以称作石头。既然这样,坚质、白色、石形三者并不分离("不相外")。但是,眼只能看到石头的白色,手只能触到石头的坚质,各自得到的只是二者而不是三者,那么,这时的第三者是否藏起来了呢?

曰:"有自藏也,非藏而藏也。"①

【注释】

① 非藏而藏,意思是说,并不是故意把它藏起来的。王琯说:"其藏也,系自然而藏,非故欲藏之,始藏也。"

【解义】

此句意思是说：石头的坚质与白色，所以不能为同一个感官所感觉，那是由于坚质和白色自己藏起来了（"有自藏也"），并不是故意要把它藏起来（"非藏而藏也"），而是自然而然、本来就是这样的。

曰："其白也，其坚也，而石必得以相盈。① 其自藏奈何？"

【注释】

① 相盈，原文为"相盛盈"。俞樾说：盛为衍文。今据俞说删。盈，满也，充满于其中的意思。"石必得以相盈"，意思是说，石必须以坚白两者充满于其中。谢希深注云："盈，满也。其白必满于坚白（白疑作石）之中，其坚亦满于白石之中，而石亦满于坚白之中。故曰：必得以相盈也。"即其意。《墨经·经说上》云："坚白之相撄尽。"《墨经·经说下》云："抚坚得白，必相盈。"文义与此同。

【解义】

全句意思是说：石头的白色，石头的坚质，必充满于石头之中，为什么说它们是自己藏起来了，并不充满于石之中呢？

曰："得其白，得其坚，见与不见离，一、二不相盈，故离。离也者，藏也。"①

【注释】

① 此句原文为"得其白，得其坚。见与不见离，不见

离，一一不相盈，故离。离也者，藏也。"王琯说：原文"见与不见离"下之"不见离"三字，疑涉上文而衍。今据王说删"不见离"三字。《墨经·经说上》云："见不见离，一二不相盈。"义正与此同，故"一一不相盈"，亦当依《墨经》改作"一二不相盈"。"一、二不相盈"。意指一为石，坚白为二，石与坚白互不相盈。

谭戒甫说：此句应作"得其白，得其坚，见与不见离。不见离，一。一不相盈，故离。离也者藏也。"他说："此谓由见以得白，而坚即以不见离；由知以得坚，而白即以不知离，今白由见而得，则坚由不见而离；故曰见与不见离。坚既由不见而离，是见而在者一，而不见而离者亦一耳；故曰不见离，一。两一相外，必不相盈，既不相盈，则两一相离，故曰一不相盈故离。离即隐藏之意，故曰离也者藏也。所谓自藏者如是。"从文义看，谭说似亦可通。

【解义】

全句意思是说：见到白色而见不到坚质，触到坚质而触不到白色，这说明见到的白与触不到的坚是互相分离的，石与坚、白是不能互相包盈在一起的，所以是分离的。分离也就是藏起来了。

曰："石之白，石之坚，见与不见，二与三，①若广修而相盈也。②其非举乎？"③

【注释】

① 二与三，指见与不见而言。见石之白而不见石之坚，

所以说只见到二，即石与白，其一即指坚不见，见之二与不见一加在一起则为三。

② 若广修而相盈，广修指一个平面的宽与长，这里是用广修的不可分离来说明坚白相盈。《墨经·经说下》云："广修坚白"，与此同义。

③ 非举，举是指用名来称谓实，即以名举实。《墨经·经说上》云："举，拟实也。"即其意。非举，指不是正确的称谓，即指名不当实。

【解义】

全句意思是说：见白色不见坚质，可见者为石为白色，不见者为坚质。可见为二，不见为一，加在一起就为三。这犹如平面的长与宽一样互相包含不能分离。这样的说法不是符合事实吗？

曰："物白焉①不定其所白，物坚焉不定其所坚，不定者兼，恶乎其②石也？"③

【注释】

① 焉，语气助词。

② 其，原作"甚"字，"甚"无义，疑为"其"字之误。

③ 此句伍非百云："此主答，出正意。言坚白皆具普遍性，离物而有，不拘囿于一物。假有体者，仅拘囿于一物，则可谓其体即若物矣。而坚白则非其例，如白有白人白马白羽之白，坚有坚金坚木坚冰之坚，何必定于石哉。故曰：'不

定者兼，恶乎其石也。'言坚白各有独立性而自存也。"伍说是。公孙龙割裂一般与个别的联系，把一般当作独立于个别之外的自存的东西，从而陷入了唯心主义。

【解义】

此句是回答上句的设问。全句意思是说：物的白色不可限定为某一事物的白色，物的坚质也不可限定为某一事物的坚质。白与坚不可限定在某一事物身上，它们是天下普遍共有的东西，为什么一定要把它们限定在石头上面呢？这说明白色坚质都是可以离开石头而存在的。（也就是说，共性可以离开个性而存在。）

曰："循石，①非彼无石。非石，无所取乎白石，不相离者，固乎然，②其无已。"③

【注释】

① 循石，即扪石也，用手触摸石的意思。

② 固乎然，指本来就是如此。

③ "其无已"，已，止也。其无已，即指那是永远如此。

【解义】

此句是设问句。意思是说：抚摸到石头，不可说没有石头，如果没有石头，就无所谓白色的石头。白与石不相分离，这是本来如此的，从来没有不是这样的时候。

曰："于石，一也。坚、白二也。而在于石，故有知焉，有不知焉；①有见焉，有不见焉。故知与不知相与离，见与不见相与藏。藏故孰谓之不离?"②

【注释】

① 此段文字与《墨经》同义。《墨经·经说下》云:"于石一也,坚白二也,而在石,故有智(知)焉有不智(知)焉,可。"

② 此句王琯注:"既言坚白而同在一石,抚坚可知,抚白不可知,其不知者与知者相离矣。使果不离,曷不同时并知。视白可见,视坚不可见,其不见者与见者相藏矣。使果不藏,曷不同时并见。此节主述坚白互相离藏之理,以答客难。'藏故'意言因藏之故。"王说是。

【解义】

此句是公孙龙以感官感觉的不同,进一步证明坚白互离的道理。全句意思是说:就石来说,石头为一,坚白则为二。而坚白处在石中,所以有知觉到的和知觉不到的,有见到的和见不到的区别。知觉到的与知觉不到的东西互相分离,见到的与见不到的东西则各自藏起来了。正因为它们藏起来了,谁能说它们不是相互分离的呢?

曰:"目不能坚,手不能白,不可谓无坚,不可谓无白,其异任也,①其无以代也。坚白域②于石,恶乎离?"

【注释】

① 异任,指目与手的功能不同,互相不能替代。

② 域,谭戒甫说:域,犹言局限,谓坚白之德局限于石不相离也。域,即指在一定的范围之中。坚白域于石,即

139

坚白存在于石中。

【解义】

此句是设问句,全句意思是说:目不能见到坚质,手不能触到白色,但是不可以说没有坚质和白色。因为这是人们感官的不同作用所造成的,而感官的作用又是不能互相代替的。坚白存在于石中,怎能是分离着的呢?

这一设问是从唯物主义的立场出发的,它尊重客观事物,承认客观事物的存在与否并不以人的主观感觉为转移。

曰:"坚未与石为坚,而物兼;未与〔物〕为坚,[①]而坚必坚,其不坚石、物而坚。天下未有若坚,而坚藏。"

【注释】

① "未与物为坚"。原文无"物"字,而下文有"不坚石、物而坚"句。正与上文"未与石为坚""未与物为坚"相对应,故以加"物"字为宜。谢希深注云:"坚者不独坚于石,而亦坚于万物,故曰未与石为坚而物兼也。亦不与万物为坚,而固当自为坚,故曰未与物为坚而坚必坚。"按谢注亦应加"物"字。

【解义】

全句大意是说:坚质并不依赖于石头而为坚质,它是天下万物普遍共有的东西。而且坚质也并不要依赖于万物而成为坚质,它是自己成为坚质的。然而,这样的坚质在现实世界中确是没有的,坚质自己隐藏起来了。

"白固不能自白,恶能白石物乎?若自者必白,则不白物而白焉,黄、黑与之然。石其无有,恶取坚白石乎?①故离也。离也者,因是。"②

【注释】

① "石其无有,恶取坚白石乎?"意思是说,坚、白是自藏的,只有当它们与石头相结合时才呈现出坚、白来。倘若没有石头,那怎能有坚、白的石呢?

② "离也者,因是。"即因自然而分离。谢希深注云:"莫不因是天然自离矣,故曰因是。"

【解义】

全句意思是说:如果白色本来就不能自己成为白色,那怎么能使石与物白呢?白色如果自己必然成为白色,则不必待于白物而成为白色。黄、黑色也与此一样。但没有石头,怎么能有坚白的石呢?(坚白是自藏的,只有与石头结合才显现坚白的石。)所以说坚白各自分离。坚白互相分离自藏,是因其自然而如此的。

"力与知,①果不若因是。"②

【注释】

① 力与知,指用力与智慧。

② 果不若因是,谢希深注云:"果,谓果决也。若,如也。夫不因天然之自离,而欲运力与知,而离于坚白者,果决不得矣,故不如因是天然而自离也。"王琯则说:"谢释果为果决非也。按即结果之意,言上述坚藏白藏之旨,以智力

141

求之，结果终不是，不若因其自然之为愈也。"从上下文义看，王说较为顺通。今以王说是。果，即结果。因是，即因其自然。

【解义】

全句意思是说，人们用力量与智慧来解决坚白分离问题（往往还是弄不清楚），最后还不如坚白因其自然而分离为好。

"且①犹白以目见，而目以火见；②而火不见，则火与目不见，而神见；神不见，而见离。"

【注释】

① 且，更端词，用以连接上文，指进一步讲。

② "白以目见，而目以火见"，原文作"白以目以火见"。《墨经·经说下》云："以目见，而目以火见，而火不见。"文义与此同。今据《墨经》校改。

【解义】

全句大意是：进一步说，犹如白色，白色以目见，目以火见。然而无目，火不能见白；无火，目不能见白；所以火与目俱不能见白。那么是精神（指思虑）见的，然而精神无火无目也不能见。这样目、火、精神皆不能见，见独自分离而自藏起来了。公孙龙形而上学地割裂了感觉与感觉的条件、感觉与理智之间的相互联系，从而得出了"见离"，即人们的认识活动也是分离而独自藏着的荒谬结论。

"坚以手，而手以捶，①是捶与手知而不知，②而神与不知，③神乎！是之谓离焉。"④

【注释】

① 捶，杖击也。手以捶，即指用手触物才能知觉坚质。

② 捶与手知而不知，意思是说，坚质以手和捶而知，然而手和捶各自独立又皆不能知。

③ 神与不知，谢希深注云："神而不知，而知离。"谢注是。与，助词，无义。神与不知，即神不知。

④ 对此段文字，陈澧注云："此言手与捶皆离，即神亦离也。知坚必以手，而手必捶之，手以捶而知，手本不知也。捶之知乃手知，亦非捶知也。是捶与手皆知而不知也。捶与手既皆不知，则知者神也。然不以手捶，则神亦不知也。"陈注是。

"神乎！是之谓离焉。"谢希深注云："神乎神乎！其无知矣。神而不知而知离也。"谢注是。上段文字最后有"见离"的说法，此段文字与上段相对应，最后亦应有"知离"的思想。今从谢注。

【解义】

此段大意是说，坚质必须用手才能知，然而手本身并不能知，必须靠捶（触摸物）才能知。而捶也要靠手才能知，本身并不能知。这就是说，手与捶皆知而不知。既然手与捶本身都不能知，那么知者是精神。而精神也是靠手与捶才知的，所以精神本身也是不能知的，精神啊！这就是所谓神而不知，而知分离自藏也。

离也者天下,①故独而正。②

【注释】

① 离也者天下,即指天下皆为离者。
② 独而正,独,指独自、独立,无联系的意思。正,指正常、正道而言。独而正,即指世界上的事物以独自存在、毫无联系为常道。

【解义】

此句是说,天下一切事物皆是分离的,所以各个事物以互不联系、独自存在为正道。

《指物论》第五

【题解】

《坚白论》讨论了物质(石头)属性之间的关系,提出了"离坚白"的命题。本篇《指物论》是对《坚白论》的思想作理论上的概括,它从更抽象的意义上,提出了具体的物与共相概念之间的关系问题。与《坚白论》一样,公孙龙在《指物论》中,也首先把事物的共相属性(所谓"指"),如石头的坚、白等属性,看成是离开具体事物而普遍存在的东西(所谓"指者天下之所兼")。然后,他又认为这些独立的共相属性在现实世界中是没有的("指也者,天下之所无也"),只是藏着的。但是,它们能组合成现实世界中的一切事物("物莫非指")。这样,公孙龙就完全背离了唯物主义,走上了客观唯心主义的道路。其唯心主义的特点是:把一般

（共相）与个别加以割裂，使一般成为独立于个别之外的存在物，这样的存在物只能是抽象的概念，然而，公孙龙认为这些独立的概念却能构成现实的物。

物①莫非指②，而指非指③。

【注释】

① 物，指天下万物。《名实论》云："天地与其所产者，物也。"物，包括天地与万物。但在《名实论》中并没有"物莫非指"的思想，基本上还是朴素唯物主义的观点。

② 指，本即"指而谓之"的意思。《墨经·经说下》云："若智（知）之，则当指之智告我，则我智之。"《墨经·经说下》又云："所知而弗能指，说在春。"两句之"指"。皆有"指而谓之"之意，指谓事物就需要用共相概念，如坚、白等概念，才能称谓事物是白是坚。在这里，公孙龙把这些表达事物属性的共相概念称作"指"，这样，"指"就成了《指物论》中专门的哲学术语。并且他认为物就是由这些"指"组成的，即"物莫非指"。

③ 而指非指，意思是说，事物的共相属性都是独立自存的，不再需要由其他共相属性来组成。

【解义】

此句意思是说：任何事物都是由那些共相属性组合而成的，这些共相属性本身并不需要再由其他共相属性来组合。

天下无指，物无可以谓物。非指者天下，①而物可谓指乎？

145

【注释】

① 非指者天下,"非指",是公孙龙哲学中又一专门术语。在公孙龙看来,世界上只有两种存在物:一为物(现实存在着),一为指(潜藏着)。"非指",即与"指"相对的"物"的存在。所以,"非指"作为专有名称来讲就是"物"。"非指者天下",即"天下皆非指者也",意思是说,天下到处是物。

【解义】

此句为设问句。意思是说,如果天下没有共相属性"指",如白、坚等,那就无法称谓物。然而天下到处是物,怎能把物称作共相属性"指"呢?

指也者天下之所无也。①物也者天下之所有也。以天下之所有为天下之所无,未可。

【注释】

① "指也者天下之所无",意思是说,共相属性"指"的独立存在,并不像具体事物那样有形迹呈现出来,能成为感觉的对象,它在现实世界中是藏着的。《坚白论》云:"天下未有若坚,而坚藏。"即其意。

【解义】

此句回答上句的设问。大意是说,独立于事物之外的共相属性在现实世界中是不存在的,它自藏起来了,而具体事物在现实世界中是存在着的。把现实世界中存在着的物说成为不存在的"指",这是不可以的。

第二编 《公孙龙子》新解

天下无指而物不可谓指也。不可谓指者，非指也。非指者，物莫非指也①？

【注释】

① 也，即"耶"字。古"也"通"耶"。

【解义】

此句为设问句。大意是说，现实世界中并没有共相属性（"指"）的存在（即"指"是藏着的），而物亦不可称作"指"（共相属性）。既然物不可称作"指"，物就不是"指"。物不是"指"，那为什么又说"物莫非指"呢？

天下无指，而物不可谓指者，非有非指也。非有非指者，物莫非指也。物莫非指者，而指非指也。

【解义】

此句回答上句的设问。意思是说，现实世界中没有共相属性（"指"）的存在，物亦不可称作共相属性（"指"），但这并不是说物不是由共相属性"指"组成的。既然没有不是共相属性（"指"）所组成的东西，物就都是由共相属性（"指"）组成的。然而共相属性（"指"）并不再需要由共相属性（"指"）来组成，

天下无指者生于物之各有名而不为指也，① 不为指而谓之指，是〔无〕不为指。② 以有不为指〔为〕无不为指，未可。

【注释】

① "天下无指者生于物之各有名而不为指"，在这里，

147

公孙龙区别了"名"与"指"的不同:"名"是指事物的名称,"指"为构成事物的共相属性概念。如石是名称,指则为白、坚等共相概念。此句意思是说,天下现实存在的都是物,虽说物都是由"指"构成的,但物各有自己的名称,并不称它为"指"。

② "是无不为指",原文为"是兼不为指",今据俞樾说改。"是无不为指"与下文"以有不为指之无不为指"文义相续。愈说是。

③ 为,原文为"之"。陈柱说:"之当为'为'字之误。"今从陈说。"之"字在此无义。

【解义】

全句意思是说,现实世界中所以没有"指"(共相属性概念)的存在,就在于事物各都有自己的名称,因此,并不把物称为"指"。如果把不称为"指"的东西说成是"指",那就没有什么不是"指"了。把不称为"指"的东西说成无不是指,这是不可以的。

且①指者天下之所兼。②天下无指者也。物不可谓无指也。不可谓无指者,非有非指也。非有非指者,物莫非指。指非非指也,指与物非指也。

【注释】

① 且,更端语气词。

② "指者天下之所兼",意思是说,"指"(共相属性)是天下万物所普遍共有的,并不存在于具体事物之中。《坚白

论》说:"物白焉不定其所白,物坚焉不定其所坚,不定者兼,恶乎其石也。"即其意。

【解义】

全句意思是说,然而"指"(共相属性)是天下所普遍共有的东西,它并不存在于具体事物之中。这种独立于事物之外的"指",在现实世界中是不存在的。但是,现实世界中没有"指"的存在,并不能说物不是由"指"组成的。不可称物不是由"指"组成的,也就是说没有不是由"指"所组成的物。既然是这样,那物就都是由"指"组成的。然而"指"并不就是物("非指"),"指"只有与物相结合,才能成为"非指"的物。

使天下无物者,①谁径谓非指?天下无物,谁径谓指?天下有指无物指,谁径谓非指,径谓无物非指。

【注释】

① 物指,意思是说,"指"(共相属性)一旦组成事物之后,就不再称为"指",而成为其他事物的性质。

【解义】

此句意思是说,假若天下没有具体事物的属性("物指"),那么谁还去讲什么与"指"(共相属性)相对的物("非指")的存在呢?假若天下没有物的存在,那么谁还去讲什么能组成物的"指"的存在呢?假若天下有共相属性("指")而没有具体事物的属性("物指"),那么谁还去讲什么物("非指")的存在呢?谁还去讲什么没有物不是由

"指"组成的呢?

且夫^①指固自为非指,奚待于物而乃与^②为指?!

【注释】

① 且夫,且,更端词,犹抑且也。夫,指示代词,这个。

② 乃与,陈柱说:"犹乃以也。"

【解义】

此句意思是说,况且这个"指"(共相属性)本来就是自己能成为物("非指")的,难道它还要依赖于物才能成为"指"吗?

《迹府》第六

【题解】

《迹府》篇是后人记载公孙龙事迹的著作。"迹"就是指言行事迹,"府"即汇聚的意思。《迹府》就是关于公孙龙言行事迹的汇编。它记述了公孙龙的名实理论、白马非马的学说,以及他的"以正名实而化天下"的政治主张。同时,还介绍了公孙龙与儒徒孔穿的论辩经过。这些史料,对于我们研究公孙龙的哲学思想是不可多得的参考资料。

公孙龙,六国时辩士也。^①疾名实之散乱,^②因资材之所长,^③为守白之论,^④假物取譬,以守白辩,谓白马为非马也。

【注释】

① 六国辩士，即战国时代（山东六国）善于论辩的人。

② 疾名实之散乱，即痛恨在战国时代新旧交替过程中出现的名实关系的混乱现象。

③ 因资材之所长，即凭借自己在资质和才能方面的长处。

④ 守白之论，守，执守也。守白，意思是说，坚持不离开白色来谈白马非马。谭戒甫说："《白马论》云：'有白马不可谓无马者，离白之谓也。不离者，有白马不可谓有马也。'不离白即守白。"谭说是。守白之论，即关于坚持认为马指马的一般，并不要考虑它的颜色，而白马是有了白色的马，因而白马为非马的理论。

【解义】

此段文字大意是说，公孙龙是战国时代善于论辩的学者。他痛恨当时在名实关系上出现的混乱现象，凭借自己的资质和才干，坚执着白马不能离开白色的观点，假物作比，以此学说进行论辩，称白马为非马。

白马为非马者，言白所以名色，言马所以名形也。色非形，形非色也。夫言色则形不当与，言形则色不宜从。今合以为物，非也。①

【注释】

① "合以为物，非也"，即指白色加马形合而为一马，非也。也就是说：白马非马。

【解义】

全句意思是说，说白马不是马，是在于：白是用来命名颜色的，马是用来命名形体的，颜色不是形体，形体也不是颜色。所以称颜色，形体就不能与它相应；称形体，颜色也不能与它相应。现在把白色与马形相结合的白马称作马，这是不对的。

如：求白马于厩中，无有，而有骊色之马，然不可应有白马也。不可以应有白马，则所求之马亡矣，亡则白马竟非马，欲推是辩，以正名实，而化天下焉，

按：此句与公孙龙《白马论》似有出入。《白马论》云："求马，黄、黑马皆可致；求白马，黄、黑马不可致。使白马乃马也，是所求一也。所求一者，白者不异马也。所求不异，如黄、黑马有可有不可何也？可与不可，其相非，明。故黄、黑马一也，而可以应有马，而不可以应有白马，是白马非，审矣。"意思是说，求马，黄、黑马皆可以；求白马，黄、黑马就不可以；由于白马不能等同于马，所以说白马非马。《迹府》篇的这一段话与《白马论》的不同，它是说，求白马。厩中没有，只有杂色的马，杂色的马不能称为白马，所以说所求的马（应指白马）没有。所求的白马没有，这只能证明白马不是杂色的马，而不能证明白马非马。因此，《迹府》篇的这段话似应改作："如：求白马于厩中，无有，而有骊色之马；骊色之马可以应有马，然不可应有白马也。可以应有马，不可以应有白马，则所求之马亡矣。亡则白马竟非马也。

欲推是辩，以正名实而化天下矣。"意思是说，例如：在马厩中求白马，然而厩中没有白马，只有杂色的马；杂色的马可以称作马，然而不可以称作有白马。可以称作有马，而不可以称作有白马，那么所要求的白马就得不到。能得到马而得不到白马，所以说白马为非马，想把此论辩推演到社会上，用以整顿名实关系，达到治理天下的目的。

龙与孔穿①会赵平原君②家，穿曰："素闻③先生高谊,④愿为弟子久，但不取先生以白马为非马耳，请去此术，则穿请为弟子。"龙曰："先生之言悖。⑤龙之所以为名者，乃以白马之论尔。今使龙去之，则无以教焉。且欲师之者，以智与学不如也。今使龙去之，此先教而后师之也，先教而后师之者悖。且白马非马，乃仲尼之所取。龙闻楚王张繁弱之弓⑥，载忘归之矢⑦，以射蛟兕⑧于云梦之圃，而丧其弓，左右请求之。王曰：'止！楚人遗弓，楚人得之，又何求乎？'仲尼闻之曰：'楚王仁义而未遂。'亦曰：'人亡弓，人得之而已，何必楚？'若此，仲尼异楚人于所谓人。夫是仲尼异楚人于所谓人，而非龙异白马于所谓马，悖。先生修儒术，而非仲尼之所取；欲学，而使龙去所教，则虽百龙不能当前矣。"孔穿无以应焉。

【注释】

① 孔穿，孔子后裔，修儒术。

② 平原君，即战国时赵国武灵王的儿子赵胜，封于平原，所以称平原君。他是当时著名的四君子之一，为封建贵

族,有食客千人。公孙龙即为其门下之一食客尔。

③ 素闻,一向就听说。

④ 高谊,即高义,道义高尚。

⑤ 悖,自相矛盾,荒谬。

⑥ 繁弱之弓,古代良弓。

⑦ 忘归之矢,古代利箭。

⑧ 蛟兕,蛟,指古代传说中的能发大水的蛟龙。兕,猛兽名,为犀之一种。

【解义】

此段记载了公孙龙与孔穿的论辩。公孙龙从名必符实的原则出发,驳斥了孔穿要他放弃白马非马学说的要求。公孙龙认为"龙之所以为名者,乃以白马之论尔",如果放弃白马非马这一学说,就没有什么可以教人了。对于孔穿提出的所谓"素闻先生高谊,愿为弟子久,但不取先生以白马为非马耳,请去此术,则穿请为弟子"的说法,公孙龙亦以名实不副的理由驳斥了孔穿。公孙龙说:"欲师之者,以智与学不如也,今使龙去之,此先教而后师之也,先教而后师之者,悖。"这就是说,当先生的是教人的,当学生的是向先生学习的,如果反过来,学生而先教训先生,那不是把先生与弟子之间的名实关系弄乱了吗?虽然公孙龙这一回答未必合适,但也可以看出公孙龙当时确实处处是以欲正名实为己任的。

公孙龙,赵平原君之客也。孔穿,孔子之叶也,穿与龙会。穿谓龙曰:"臣居鲁,侧闻下风,①高先生之智,说先生之行②，愿受业之日久矣。乃今得见，然所不取先生者，独不取先生之以白马为非马耳。请去白马非马之学，穿请为弟子。"

公孙龙曰："先生之言悖，龙之学以白马为非马者也。使龙去之，则龙无以教，无以教而乃学于龙者悖。且夫欲学于龙者，以智与学焉为不逮也③，今教龙去白马非马，是先教而后师之也，先教而后师之，不可。"

【注释】

① 侧闻下风，指侧着身体聆听于下位。

② 说先生之行，说即悦，行即德行。意思是说，喜欢先生德行。

③ 不逮，即不及。

按：公孙龙与孔穿的此段对话，基本意思与上一段相同。

"先生之所以教龙者，似齐王之谓尹文①也。齐王之谓尹文曰：'寡人甚好士，而②齐国无士何也？'尹文曰：'愿闻大王之所谓士者。'齐王无以应。

【注释】

① 尹文，齐宣王、齐湣王时人，颜师古引刘向说："（尹文）与宋钘同游稷下。"《汉书·艺文志》云："尹文子一篇"，列于名家。班固注："说齐宣王，先公孙龙。"关于尹文与齐王的对话，《吕氏春秋·先识览·正名》亦有相同的记载，可参见。

② 而，原文为"以"字。陈柱《公孙龙子集解》引汪

兆镛云:"以齐国无士何也?"宋山本、金壶本及《孔丛子·公孙龙篇》均作"而"。故改。

"尹文曰:'今有人于此,事君则忠,事亲则孝,交友则信,处乡则顺,有此四行,可谓士乎?'齐王曰:'善!此真吾所谓士也。'尹文曰:'王得此人,肯以为臣乎?王曰:'所愿而不可得也。'

"是时齐王好勇。于是尹文曰:'使此人广庭大众之中,见侵侮而终不敢斗,王得以为臣乎?'王曰:'钜士也?[①]见侮而不斗,辱也。辱则寡人不以为臣矣。'尹文曰:'唯见侮而不斗,[②]未失其四行也。是人未失其四行,是未失其所以为士也。[③]然而王一以为臣,一不以为臣,则向之所谓士者,乃非士乎?'齐王无以应。

【注释】

① 钜士也?钜,即讵。讵,岂也,钜士也?意思是说,难道是士吗?

② 唯见侮而不斗,唯与虽通。意思是说,虽然见侮而不斗。

③ 是未失其所以为士,原文无"是未失"三字,今据俞樾说补。

"尹文曰,'今有人君将理[①]其国,人有非则非之,无非则亦非之;有功则赏之,无功则亦赏之;而怨人之不理也,可乎?'齐王曰:'不可。'尹文曰:'臣窃观下吏之理齐,其

方若此矣。'王曰:'寡人理国,信若先生之言,人虽不理,寡人不敢怨也,意未至然与!'②

【注释】

① 理,即治也。

② 意未至然与!与,即欤,语气助词,表推测与感叹。意,谢希深注:"意之所思。"此句意思是说,想必尚未达到这样吧!

"尹文曰:'言之敢无说乎?'王之令曰:'杀人者死,伤人者刑。'人有畏王之令者,见侮而终不敢斗,是全王之令也。而王曰:'见侮而不斗者,辱也。'谓之辱,非之也,无非而王辱之,故因除其籍,①不以为臣也。不以为臣者,罚之也。此无罪而王罚之也。且王不敢斗者,必荣敢斗者也。荣敢斗者是之也,无是而王是之,②必以为臣矣。必以为臣者赏之也,彼无功而王赏之。王之所赏,吏之所诛也;上之所是,而法之所非;赏罚是非,相与四谬。③虽十黄帝不能理也。"齐王无以应焉。故龙以子之言,有似齐王。子知难白马之非马,不知所以难之说以此。犹如好士之名,而不知察士之类。④

【注释】

① 除其籍,籍,簿籍,即名册。除其籍,这里指取消他的官籍。

② "荣敢斗者是之也,无是而王是之",原文为"荣敢斗者是,而王是之"。原文义不通,今据俞樾说校补。补后与

上文"非之也，无非则王辱之"句相对应。俞说是。

③ 相与四谬，即共为四谬，指上文赏罚是非混乱而言。

④ 察士之类，类，类别也。察士之类，即考察士之类别。

【解义】

以上各段皆是公孙龙引用尹文与齐王的对话来说明不能仅有好士之名，而要考察士的实际上的不同情况，使之做到名实相符，并以齐王不"察士之类"，把士与勇士当作一回事来看待，结果造成了思想上的混乱来反驳孔穿否认白马与马的区别，而要求他放弃白马非马学说的错误。

再 版 后 记

　　这本书的初稿是我在总结多年来的教学和科研经验的基础上，于 1977~1978 年间写成的，到今天已经 40 多年了。初稿写成以后，张岱年先生给予了热情的支持，并详细地提出过修改意见，张岱年先生的关怀给了我很大的鼓励。在初稿的基础上，我又作过两次精心的修改，此次再版，又对相关注文作了订正。但由于自己水平有限，缺点错误一定还有不少，希望读者批评指正，让这本小书得以不断完善。

　　写作此书时，我还是北京大学的一名青年教师，德文望重的张岱年先生还活跃在教学、科研一线。到此书再版的今天，张先生已仙逝有年，我自己也进入耄耋之年。抚今追昔，尤为感念张先生对我的关心和帮助，亦望先生的精神和情怀，能传承下去，滋养后学。

作　者
2020 年 10 月

出版后记

中华文明源远流长。在漫长的历史岁月中,我们中华民族创造了辉煌灿烂的文化成就,践行着自己朴素而真诚的人生和社会理想,追寻着具有鲜明特色的伦理价值和审美境界,展示出丰富、生动、深邃的思想智慧。在很长一段时间内,中国文化在世界文明体系中居于领先地位,其影响力和感染力无比强大,从而在铸就中华民族独特灵魂的同时,也为人类文明的发展和进步作出了重要的贡献。

明清之际,由于复杂的原因,中国社会没有能够有效地完成转型,逐步走向封闭和衰落。鸦片战争的失败,更使中国面临数千年未有之变局,使中华民族沦入生死存亡的艰难境地。为了救国于危难,当时的仁人志士自觉不自觉地把目光投向西方,投向西学,并由此对中国传统文化进行了激烈的批判。从洋务运动、戊戌变法,一直到五四新文化运动,

出版后记

在近代中国救亡图存的历史语境中，传统文化的观念和形态，常常被贴上落后、愚昧的标签，乃至被指斥为近代中国衰落和灾难的祸根，就连汉字和中医这样与国人生命息息相关的文化形态，也受到牵连和敌视，被列入需要废除的清单。对本民族文化的这种决绝态度，在世界各民族的历史上都是罕见的，它既反映了我们中华民族创新发展的非凡勇气，也从一个重要侧面，印证了中华传统文化的顽强和深厚。

今天，历史已经走进21世纪，我们中华民族经过不懈的努力和奋斗，迎来了快速发展的良好机遇，国家强盛、民族复兴的曙光就在前方。在这样的时候，在这样的历史背景下，重温我们民族的辉煌、艰难历史，重新认知我们民族的优秀文化和高贵传统，不仅是一种自然的趋势，也是一项庄严的历史使命。理由很简单，我们中华民族要在全球化的背景下真正实现伟大复兴，必须具有足够的凝聚力和创造力，必须具有强烈的自尊心和自信心，而这一切，离不开对本民族优秀文化基因的认同和感念，离不开对优秀传统的继承和弘扬。从这个意义上说，中国传统文化是不绝的源泉，是清新而流动的活水。我们组织出版《中国文化经纬》系列丛书，正是为了汲取丰富的精神滋养，激发我们前行的力量。

本书系计划出版100卷，由著名的中国文化书院组织编写，内容涵盖中国传统文化的各个方面和层级，涉及文学、历史、艺术、科学、民俗等多个领域，力求用通俗易懂的语言，用较少的篇幅，使广大读者对中国历史文化有较为全面的认识，对中国精神和中国风格有较为深切的感受。丛书的作者均为国内知名专家，有的是学界泰斗，在国内外享有盛誉，他们的思想视野、学术底蕴和大家手笔，保证了丛书的学术品质和精神品格。

这是一套规模宏大、富有特色的中国传统文化读本，这是专家为同胞讲述的本民族的系列文明故事，我们期待您的关注和阅读，也等待您的支持和批评。

中国书籍出版社

2015 年 9 月

中国文化经纬·第一辑

从黄帝到崇祯：二十四史／徐梓　著
华夏文明的起源／田昌五　著
孔子和他的弟子们／高专诚　著
老子与道家／许抗生　著
墨子与墨学／孙中原　著
四书五经／张积　著
宋明理学／尹协理　著
唐风宋韵：中国古代诗歌／李庆　武蓉　著
易学今昔／余敦康　著
中国神话传说／叶名　著

中国文化经纬·第二辑

敦煌的历史与文化／宁可　郝春文　著
伏尔泰与孔子／孟华　著
利玛窦与徐光启／孙尚扬　著
神秘文化的启示：纬书与汉代文化／李中华　著
中国古代婚俗文化／向仍旦　著
中国书法艺术／陈玉龙　著
中国四大古典悲剧／周先慎　著
中国图书／肖东发　著
中国文房四宝／孙敦秀　著
中印文化交流史／季羡林　著

中国文化经纬·第三辑

先秦名家研究／许抗生　著

中国法家／许抗生　著

中国古代人才观／朱耀廷　著

中国吉祥物／乔继堂　著

中国科举考试制度／张希清　著

中国人的时间智慧：一本书读懂二十四节气／张勃　郑艳　著

中国人生礼俗／乔继堂　著

中国文化在朝鲜半岛／魏常海　著

中华理想人格／张耀南　著

中华水文化／张耀南　著